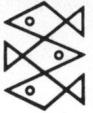

Märchen aus Tirol. Dieser Band vermittelt einen repräsentativen Eindruck der Tiroler Märchenüberlieferung mit einer Vielzahl besonders origineller Märchengestalten, dem Lokalkolorit der Tiroler Berge und vom Leben in den Tälern. Es wird deutlich, daß diese Märchen nicht nur Wunschdichtungen sind, die Träume von einer besseren Welt widerspiegeln, sondern auch ein Abbild der realen Umwelt ihrer Erzähler bieten, wenn sie von deren Nöten und Wünschen, Wertungen und Vorstellungen berichten.

Eine überragende Stellung als Märchensammler nimmt in Tirol der aus Meran gebürtige Gymnasial- und spätere Universitätsprofessor Ignaz Vinzenz Zingerle (1825–1892) ein, der in enger Anlehnung an die Brüder Grimm im Zuge der nationalromantischen Bewegung das Tiroler Sagen- und Märchengut aufzuzeichnen und gemeinsam mit seinem Bruder Josef zu veröffentlichen begann.

Leander Petzoldt ist Professor an der Universität Innsbruck und Direktor des Instituts für Europäische Ethnologie. Sein Spezialgebiet ist die Vergleichende Erzählforschung. Er ist Autor zahlreicher Publikationen und wissenschaftlicher Werke. In der Reihe ›Märchen der Welt‹ im Fischer Taschenbuch Verlag ist Leander Petzoldt Herausgeber von ›Märchen aus Österreich‹ (Bd. 11064), ›Märchen aus Ungarn‹ (Bd. 12063), ›Balkan-Märchen‹ (Bd. 12744) und des sehr erfolgreichen Bandes ›Musikmärchen‹ (Bd. 12463).

Märchen aus Tirol

Herausgegeben und mit
einem Nachwort von
Leander Petzoldt

Fischer
Taschenbuch
Verlag

Originalausgabe
Veröffentlicht im Fischer Taschenbuch Verlag GmbH,
Frankfurt am Main, April 1998

© Fischer Taschenbuch Verlag GmbH, Frankfurt am Main 1998
Umschlaggestaltung: Thomas & Thomas Design, Heidesheim
Satz: Fotosatz Otto Gutfreund GmbH, Darmstadt
Druck und Bindung: Clausen & Bosse, Leck
Printed in Germany
ISBN 3-596-13856-6

Märchen aus Tirol

꙳꙳꙳꙳꙳꙳

Der Schmied in Rumplbach

❧❦❧❦❧❦

Der Schmied in Rumplbach war stets ein kreuzbraver, arbeitsamer Mann gewesen, dem man seinen Fleiß an den schwieligen Händen wohl ansehen konnte. Er war aber so unglücklich, sein Geld bei solchen Leuten gutzuhaben, deren Beutel zwar vom Gelde nicht leer, deren Herz aber davon noch voller war. Da er nun trotz seiner schweren Arbeit nichts zu essen hatte, wurde er täglich mürrischer und kam eines Nachts auf den Gedanken, ob denn gegen den Geiz seiner Gläubiger nicht einige Klafter unter der Erde ein Kräutlein gewachsen sei. Nur wußte er nicht, wie er den Doktor, der dasselbe bringen sollte, herbeiholen könnte. Doch der Teufel ist bekanntermaßen ein Herr, der sich nicht lange bitten läßt. Am anderen Morgen ging der Schmied, den Kopf voll Gedanken, in die Werkstatt und griff verdrießlich zum Hammer. Siehe da! ein schmucker junger Herr im grünen Rock, den Hirschfänger an der Seite und die Flinte auf dem Rücken, tritt zur Tür herein.

»Wie geht's, Rumplbacher?« lautete sein freundlicher Zuruf. »Ach, wie geht's? Arbeit genug und doch kein Geld!«

»Arbeiten und kein Geld haben, wie geht denn das, das heißt ja säen, ohne zu ernten.«

Der Schmied, zu einem langen Geschwätz nicht aufgelegt, fuhr den Junker barsch an: »Was hilft's reden, Ihr könnt mir doch nicht helfen.«

»Ich nicht helfen können«, spöttelte der Junker und schob den Hut ein wenig beiseite, so daß der Rumplbacher ein krummes Hörnlein bemerken konnte.

»Ah, wenn Ihr der seid«, entgegnete höflich der Schmied, indem er die schmutzige Kappe abzog, »dann ließe sich mit Euch wohl ein Geschäft machen.«

»Warum denn nicht? Aber wisse, daß ich für alle Dienste, die ich dir erweise, keine geringere Belohnung nehme als deine Seele, und diese will ich nicht später holen als nach sieben Jahren.«

Diese Worte fuhren dem Schmied durch Mark und Bein; er stand eine Weile stumm da, wollte dann eine Entschuldigung hervorstottern, hatte aber nicht den Mut, dem Teufel zu widersprechen.

Dieser schaute den Verzagten mit höhnischem Stolz an und machte Miene zum Weggehen, als ihn der Rumplbacher zurückhielt mit dem Ruf: »Nun, so sei's gewagt. Hört, was ich von Euch für meine Seele verlange. Ich möchte eine Bank vor meinem Hause, wer sich auf derselben niedersetzt, der soll ohne meinen Willen nicht wieder wegkommen.«

»Das kann ich Euch wohl geben«, fiel der Teufel hastig ein, »also unterschreibt.«

»Oho«, erwiderte der Schmied, »das geht nicht so leicht, für die Bank allein ist mir meine Seele nicht feil. Ich möchte auch noch einen Kirschbaum, wer auf denselben hinaufsteigt, soll ohne meinen Willen nicht wieder herunterkommen. Und weil aller guten Dinge drei sind, so gebt mir auch noch einen Sack, wer in demselben steckt, soll ohne meinen Willen nicht wieder herauskommen. Bringt Ihr mir diese drei Stücke, so will ich Euch meine Seele verschreiben.«

Der Teufel willigte mit Freuden ein, zog ein gewaltiges Buch aus seiner Rocktasche hervor, in dasselbe wurde der Vertrag hineingeschrieben, und der Schmied mußte seinen Namen mit seinem eigenen Blut unterzeichnen. Der Teufel entfernte sich und kam alsbald mit Sack, Bank und Baum zurück. Man mochte sich nur wundern, wie er alles tragen konnte; doch was ertrüge wohl der Teufel nicht?

Der Sack wurde in der Werkstatt hinterlegt, die Bank vor dem Hause aufgestellt und der Baum in den Garten gepflanzt. Dabei half der Teufel tatkräftig mit, und nachdem die Arbeit vorbei war, rief er: »Auf Wiedersehen in sieben Jahren!« Mit diesen Worten spazierte er von dannen.

Kaum war der Teufel weg, als eine dicke Bäurin des Weges kam, deren Mann nicht selten ein Stück Eisen aus der Werkstatt des Schmiedes geholt hatte, ohne seinen Beutel dafür aufzutun.

»Gott willkommen, Bäurin!« rief der Schmied, »nur nicht so geeilt! Gibt's nichts Neues im Außerdorf? Kommt, setzt Euch zu mir auf die Bank und erzählt etwas.«

Die Bäurin mochte wohl nicht genau kennen, welcher Art das Verhältnis zwischen ihrem Hanns und dem Schmied war, und setzte sich auf die Bank; denn das Plaudern war ihre Sache. Sie erzählte nun alles, von der Anna und Annamiedl angefangen, bis zum Zasphannes und Ziegerpeter. Als sie eben ihre Erzählungen wieder von vorn anfangen wollte, guckte der Mond schon hinter dem nahen Berg herauf.

Nun merkte sie erst, wie lange sie geplaudert hatte, und wollte aufstehen und nach Hause gehen. Doch wie erschrak sie, als sie sich – vergeblich – zu erheben versuchte, und der Schmied mit unbändigem Lachen ausrief: »Hab ich dich nun einmal! Nun kommst du mir nimmer los, ehe mich dein Mann bezahlt hat.«

Der Rumplbacher eilte nun ins Haus zum Abendessen und zur Nachtruhe. Am andern Morgen vernahm er in aller Frühe ein ungestümes Gepolter an der Haustür. Er ging hinunter, um nach dem Lärmer zu sehen, und fand den Mann der Bäurin, der ihm dreifache Bezahlung anbot, wenn er nur die »Urschl« vom Fleck ließe. Der Rumplbacher willigte freudig ein, und der Bauer eilte mit seiner beschränkten Ehehälfte beschämt nach Hause.

Kaum waren sie weg, da kam ein Bub dahergelaufen, dessen Vater beim Schmied nicht in bestem Andenken stand.

»He da, Junge!« rief der Rumplbacher, »magst du keine Kirschen?«

»Wie sollte ich keine Kirschen mögen? Nur her damit!«

»Steig nur auf den Baum hinauf, da draußen im Garten, und iß nach Herzenslust!«

Der Knabe ließ sich das nicht zweimal sagen. Im Nu war er hinter dem Haus und auf dem Baum. Da aß er nun Kirschen, es war eine Freude, ihm zuzuschauen. Aber, o weh! Als er vom Baum herabsteigen wollte, war alle Anstrengung umsonst. Es kam ihm vor, als sei er festgebunden, und er mußte oben bleiben, mochte er wollen oder nicht. Bald kam der Schmied, um nach dem neuen Fang zu sehen. Der Bursche bat mit weinerlicher Stimme um Befreiung vom luftigen Kerker, aber es half nichts. Der Schmied sprach: »Bevor mich dein Vater nicht bezahlt hat, sollst du mir vom Baum nicht herunterkommen.« Erst gegen Mittag ging der Vater des Knaben hinter dem Haus des Schmiedes vorbei, um sein Kind zu suchen. Wie er dieses auf dem Kirschbaum sah, schrie er zornig: »Gehst nicht herunter, Schleckermaul?«

»Wenn ich nicht kann«, jammerte der auf dem Baum und zeigte dem Vater, daß alle Anstrengungen herunterzukommen vergeblich waren. Unterdessen kam der Schmied aus dem Haus und lachte aus vollem Herzen. »Aha, hab ich deinen Vogel gefangen; nun mach schnell und bezahle, sonst bleibt mir der Junge ewig auf dem Baum sitzen.«

Der Bauer merkte wohl, was damit gemeint sei, zog schnell den Beutel heraus und bezahlte dem Schmied das Dreifache von dem, was er schuldig war. Da war es dem Knaben, als ob er losgebunden würde, und er eilte mit seinem Vater beschämt nach Hause. Der Schmied schob vergnügt das Geld ein und dachte eben daran, wie er auch von seinem Sack guten Gebrauch machen könnte, als ein Mädchen des Weges kam, das war pudelnärrisch, weil es bald heiraten sollte. Gretes Bräutigam war aber auch einer von denen, die dem Schmied das Bänklein, den Baum und den Sack notwendig gemacht hatten.

Grete lief freundlich auf den Schmied zu: »Guten Nachmittag, Meister Rumplbacher! Wie geht's? Wie steht's?«

»Wie magst du um derlei Dinge fragen? Unsereinem geht's immer gut, wenn er nur Geld hat. Aber komm, Grete! und schau, was ich heut Neues in der Werkstatt habe. So einen Sack hast du dein Lebtag nicht gesehen.«

Sie gingen nun zusammen in die Werkstatt, und der Schmied zog den ungeheuren Teufelssack aus einer Ecke hervor.

»Potz Blitz!« schrie lachend das Mädchen, »da drinnen könnte ich ja mit meinem Peterle einen Walzer tanzen.«

»So tanz halt«, spottete der Schmied, indem er ihr den Sack über den Kopf warf, so daß sie von demselben ganz bedeckt war. Nun half kein Bitten und kein Flehen. Sie mußte im finstern Quartier bleiben, bis ihr Bräutigam kommen würde, sie abzulösen.

Abends war »Beim grauen Bären« ein Tanz angesagt. Peterle wollte auch dabei erscheinen, ging den ganzen Nachmittag herum, seine Grete zu suchen, fand sie aber nirgends. Wie er ungeduldig an der Werkstatt des Schmiedes vorbeikam, hörte er seine Grete bitten und weinen. »Wo bist du denn? Was fehlt dir?« fragte Peter erstaunt. Da kam schon der Schmied des Weges daher und fuhr ihn barsch an: »Da heißt's einmal bezahlen, sonst kriegst du deine Grete bis zum Jüngsten Tage nimmer.«

Peter war erstaunt, wußte aber wohl, was damit gemeint war, und wie er seine Grete im Sack fand, bezahlte er schnell das Dreifache und eilte mit seiner Liebsten davon.

Solche Streiche machte nun der Schmied gar viele, und er war in kurzer Zeit ein reicher Mann. Ein Jahr verstrich nach dem andern, und endlich ging auch das siebente Jahr zu Ende, und es nahte der Tag, an welchem der Teufel den Schmied holen wollte. Dieser aber war immer guter Dinge.

Am ersten Tag des achten Jahres kam der junge Herr im grünen Staat in die Werkstatt und lud den Schmied höflich ein, ihm zu folgen.

»Ach, ich bin schnell fertig«, entgegnete der Rumplbacher, »ich möchte nur noch das Hufeisen fertigschmieden; setzt Euch indessen ein wenig auf die Bank da draußen, denn Ihr seid gewiß müde.«

Der Teufel war ein dummer Teufel und setzte sich auf die Bank. Bald merkte er aber, daß vom Wegkommen nicht so leicht die Rede sei. Er fing nun an, den Schmied um seine Freilassung zu bitten. Dieser meinte aber: »Wenn du mir noch sieben Jahre hierzubleiben vergönnest, so lasse ich dich los.« Der Teufel ging endlich auf die Bedingung ein und machte sich verdrießlich aus dem Staub.

Auch in den folgenden sieben Jahren vergaß der Rumplbacher nicht, seine drei Stücke gehörig zu gebrauchen. Aber die Zeit flog vorüber wie der Wind, und der erste Tag des achten Jahres war wieder da. Der grüne Herr kam wieder frühmorgens in die Werkstatt und tat noch freundlicher.

»Nun, Herr Meister, wollen wir uns auf den Weg machen?«

»Nur eine Viertelstunde noch«, versetzte der Rumplbacher, »und dann bin ich mit dieser Kette fertig. Ich habe einen schönen Kirschbaum im Garten, der steht voll der süßesten Kirschen. Tut Euch indessen ein wenig gütlich; denn Ihr seid gewiß müde und durstig. Ich will Euch die Leiter zurechtstellen.«

Wie gesagt, so getan. In einer Minute stand der Teufel auf dem Kirschbaum und spürte, daß er in die Falle geraten war. Er mußte nun dem Schmied abermals versprechen, daß er erst in sieben Jahren kommen werde, ihn zu holen. So war er wieder der Betrogene und mußte sich wieder allein auf den Rückweg machen. Auch in den kommenden sieben Jahren mußten Bank, Baum und Sack oft ihre Dienste tun. Bald aber kam es soweit, daß niemand mehr beim Schmied etwas schuldig blieb aus Furcht vor den drei verrufenen Stücken. Der Rumplbacher war nun der reichste Mann weitum, und es quälte ihn nur die Sorge, ob es ihm glücken würde, den Teufel auch zum dritten Mal daranzubekommen. Der gefürchtete Tag kam heran, und der Teufel erschien wieder in seiner vollen Tracht.

»Nun, Herr Schmied, sind's sieben Jahre. Heute wollen wir zusammen zu meiner Großmutter wandern.«

Der Rumplbacher wußte sich in aller Eile zu fassen. »Aber mein lieber Herr! Geduldet doch einen Augenblick! Ich habe meinem Nachbarn versprochen, heute noch sein Roß zu beschlagen, und wäre ein Lump, wenn ich mein Versprechen nicht halten würde. Ich werde geschwind hinüberlaufen und den Schimmel holen. Damit es aber schneller geht, habt Ihr wohl die Güte, indessen aus dem Sack da drüben zweiunddreißig Nägel herauszusuchen.«

Der Schmied ging, und der dumme Teufel kroch in den Sack, um die Nägel, die ganz in der Tiefe lagen, herauszubekommen. Als der Rumplbacher mit dem Schimmel kam, schrie der Teufel im Sack aus voller Brust: »O weh, o weh, ich komme nimmer los! Laß mich gehen. Ich will gern alles tun, was du haben willst.«

Dem Schmied lachte das Herz, als er sah, daß seine List geglückt war, und er begann: »Nun, wenn du mir versprichst, all das Recht, das du auf mich hast, aufzugeben, so will ich dich loslassen. Willst du mir das nicht versprechen, so kannst du ewig im Sack sitzen und wirst noch dazu jeden Morgen tüchtig abgeklopft.«

Der Teufel schrie voll Zorn: »Ja, ja! Mach nur, daß ich loskomme, ich verlange kein Haar von dir.«

Der Teufel wurde nun freigelassen und fuhr in seiner Höllengestalt mit furchtbarem Geräusch und Gestank durch die Lüfte hinweg. Der Schmied lebte noch viele, viele Jahre, er wurde tagtäglich reicher und dachte nicht viel ans Sterben. Aber auch ihm blieb sein Stündchen nicht aus. Als er diese Erde verlassen hatte, wandelte er zuerst wohlgemut, pfeifend und singend der Hölle zu; denn drunten, meinte er, muß es lustiger sein als im Himmel droben. Wie er zur großen Höllenpforte kam, pochte er mit seinem Hammer, den er als Andenken von der Welt mitgenommen hatte, so gewaltig an, daß er sie beinahe einschlug. Des Teufels Großmutter, die eben allein zu Hause war und die Morgensuppe trank, stellte ihre Schale beiseite und hinkte verdrießlich zum Tor: »Wer ist da draußen?«

»Der Schmied von Rumplbach.«

»Ah so! Kommst du jetzt, du Schurke! Glaubst du, du könntest die Teufel immer zum besten haben? Pack dich nur, für dich ist hier kein Platz.«

Während sie dies sagte, stellte sie schnell einige Kessel zur Tür, damit der Rumplbacher dieselbe nicht so leicht einrennen konnte. Dieser aber dachte sich: »Was liegt daran, läßt man mich hier nicht ein, so gehe ich halt in den Himmel.«

Er kehrte schnell um und stieg einen langen und steilen Weg empor. Wie er vor dem Himmelstor stand, klopfte er ganz sittsam an dasselbe, denn er hatte wohl gesehen, daß man mit Grobem nichts ausrichte. »Wer ist draußen?« rief St. Peter, der himmlische Torwärter. »Der Rumplbacher Schmied«, ertönte laut die Antwort.

»Was glaubst du denn, Lumpen, die mit dem Teufel einen Pakt machen, könnten wir im Himmel brauchen? Geh du nur abwärts.«

Das war nun dem Schmied ein wenig zu arg. »Daß ich zu schlecht bin für die Hölle und zu schlecht für den Himmel, das hätte ich doch nie geglaubt«, murmelte er ärgerlich vor sich hin und ging wieder abwärts. Als er nun wieder an das Höllentor kam und sich als der Schmied aus Rumplbach anmeldete, war eben die ganze Teufelsfamilie zu Haus, und kleine wie große Teufel schrien zusammen: »Laßt ihn nicht herein, laßt ihn nicht herein! Bei dem könnt es uns übel gehen!«

Der arme Schmied mußte nun wieder umkehren, um auch an der Himmelstür das zweite Mal sein Glück zu versuchen. Er klopfte wieder ganz sittsam an und bat um Einlaß. Allein St. Peter wies ihn mit noch herberen Worten zurück als das erste Mal.

»So laßt mich doch einen Augenblick in den Himmel hineinschauen!« flehte der Schmied. »Nun, das will ich dir gönnen, damit du uns einmal vom Halse bleibst«, murrte St. Peter und tat die goldene Himmelstür ein wenig auf. Kaum gewahrte der Schmied eine kleine Öffnung, da warf er seine alte Kappe in den Himmel hinein. St. Peter wollte ihm dieselbe herausreichen, aber der Rumplbacher sagte: »Ich kann mir meine Sache schon selber holen.« Er wurde nun hineingelassen, um seine Kappe herauszutragen. Aber – kaum war er drinnen, so setzte er sich auf derselben nieder und rief frohlockend: »Nun sitze ich auf meinem Eigentum«, und niemand konnte ihn wegschaffen.

Und wo ist denn jetzt der Schmied von Rumplbach? Er sitzt noch im Himmel droben auf seiner Kappe und hört der englischen Musik zu.

Schneider Freudenreich

In uralter Zeit, als anstatt der Murbrüche noch die schönsten Wälder Hügel und Tal bekleideten, lebte ein armer Schneider, der nur mit Mühe sein tägliches Brot erwarb und sich schwer durchs Leben brachte. Oft litt er Hunger und konnte seinen Durst nur am Brunnen stillen. Da dachte er sich einmal: Heute ist ein Feiertag, und ich will mich auch einmal satt essen, und kochte sich einen Haferbrei, der so dick und fest war, daß wohl Dragoner hätten darauf exerzieren können. Dann setzte er sich behaglich hin und fing an zu essen, daß es einem den Mund wäßrig machte. Als die Fliegen das sahen, kamen sie auch herbei, wollten ihren Teil haben und setzten sich auf den Brei. Darüber wurde der Schneider sehr zornig, erhob seine Rechte, zielte und führte einen so gewaltigen Streich auf die armen Tierchen, daß sieben mausetot blieben und die übrigen erschreckt eiligst davonflohen. Als dies der Schneider sah, bildete er sich nicht wenig ob dieser Heldentat ein und wußte nicht, was er aus Freude anfangen sollte. Endlich nahm er einen Zettel und schrieb mit großen Buchstaben darauf:

> »Schneider Freudenreich
> Schlägt sieben auf einen Streich.«

Den Papierstreifen mit diesen Worten heftete er auf seinen Hut, setzte diesen auf und zog seinen Sonntagsfrack an. Dann stieg er stolzierend aus seinem Stübchen und schritt mit herausfordernder Miene durch die Gasse des Dorfes. Da sahen nun alle, die ihm begegneten, den Zettel und lasen ihn. Davon bekamen sie großen Respekt vor dem Schneider, und in jedem Haus sprach man nur mehr vom Schneider und seiner riesenmäßigen Stärke. Das gefiel ihm sehr, und er nahm weder den Zettel vom Hut noch den Hut vom Kopf. Darauf verbreitete sich der Ruf von dem heldenmäßigen Schneider immer weiter und weiter und drang selbst bis zur Königsstadt. Das hörte man bei Hofe nur allzu gerne, denn man hatte dort einen baumstarken Mann vonnöten, weil ein furchtbarer Eber im königlichen Tiergarten tagtäglich großen Schaden anrichtete.

Als der König vom tapferen Schneider hörte, war er von Herzen froh und ließ ihn durch einen Läufer herbeiholen. Das gefiel dem eitlen Schneider, und er begab sich im besten Sonntagsputz in die Residenz, wo der König hofhielt. Dort wurde er huldvoll empfangen und königlich bewirtet. Das sagte dem Schneider zu, und er aß und trank, als wäre er ein Riese. Der König erzählte ihm von dem Untier, das dem Tiergarten so großen Schaden zufügte, und forderte vom Schneiderlein Hilfe.

Als Lohn versprach ihm der König seine schöne Tochter zur Ehe und das Königreich zum Erbe. Da ging Schneider Freudenreich auf den Antrag ein und machte sich flugs ans Werk. Singend und pfeifend wanderte er in den Wald hinaus, um dort das Abenteuer zu bestehen. Er war guter Dinge und suchte links und rechts und rechts und links nach dem Schadentier, doch all sein Suchen und Forschen war vergebens. Als er schon alle Hoffnung, das Untier zu finden, aufgegeben hatte, knickte und krachte es plötzlich durch das Dickicht daher, daß dem Schneider Hören und Sehen verging. Der wilde Eber raste durch Busch und Baum daher und riß alles vor sich nieder und stürzte auf das Schneiderlein los.

Doch dieses faßte sich schnell, streckte lustig seine Beine aus und lief Hals über Kopf in eine Kapelle, wo er sich hinter die Tür stellte, die er offenließ. Der Eber stürzte bald wutschnaubend und pfeilschnell durch die offene Pforte und vor zum Altar. Das Schneiderlein war aber ebenso schnell durch die Türe hinaus und schlug dieselbe zu, daß die Kapelle zitterte. So war nun das Wildtier gefangen und konnte des Hungertodes sicher sein, denn all sein Toben und Wüten war fruchtlos.

Das Schneiderlein war über diese Tat nicht wenig erfreut und kehrte triumphierend in die Königsstadt zurück, wo er mit Jubel empfangen wurde. Er wurde von einem langen Zug Menschen in die Königsburg begleitet, wo er dem König seine Heldentat erzählte und um die versprochene Belohnung hat. Dieser kam aber, anstatt sein Versprechen zu erfüllen, mit einer neuen Bitte. Denn eine neue Gefahr, weit schrecklicher als die erste, drohte dem Königshaus mit Tod und Verderben. Ein riesiges Feindesheer war in das Reich eingefallen, und alle Heere, die man ihm bisher entgegengestellt hatte, waren geschlagen und vernichtet worden. Das Volk verweigerte aber den Kriegsdienst, weil es sich dachte, der Feind kann gegen uns und gegen alles, was uns heilig ist, nicht schlimmer walten als der König. Der König war deshalb in einer verzweifelten Lage und bat das Schneiderlein um Hilfe und versprach ihm die Prinzessin zur Frau und das Reich als Erbe.

Das Schneiderlein ging auf die Bitte ein, stieg in den Hof hinunter und ließ sich das beste Streitroß, das im königlichen Stalle stand, satteln, schwang sich sodann hinauf und ließ sich so fest daran schnüren, das er droben saß, als wäre er angenagelt. Dann sprengte er davon, wie das Wetter, und die Knappen des Königs folgten ihm als ihrem Führer und zogen dem Feind entgegen. Der Weg führte sie an einem Wegkreuz vorbei. Da dachte sich das Schneiderlein, alles muß mit Gottes Hilfe geschehen, hielt an, umfaßte das Kreuz und riß es aus der Erde. Er trug es mit sich und ritt dem Feind entgegen. Als die Feinde den Schneider mit dem Kreuz sahen und auf seinem Hut lasen:

Sieben auf einen Streich, faßte sie ein gewaltiger Schreck. Sie machten rechtsum, liefen davon und ließen sich nie mehr sehen. So wurde der Krieg glücklich ohne Blutvergießen beendigt.

Siegreich kehrte das Schneiderlein in die Königsstadt zurück und wurde aufs herrlichste empfangen. Besonders gut wurde er am Hof aufgenommen, und es wurde eine große Tafel dem Schneiderlein zu Ehren veranstaltet, wobei es sehr lustig herging und an Wein und Braten nicht fehlte. Das Schneiderlein wurde hoch gefeiert und hatte alles nach seinem Willen. In diesem glücklichen Leben wurde es jedoch bald gestört, denn es war noch ein Feind zu bewältigen.

Es hausten drei wilde Riesen im Wald draußen auf ihrer Burg und kümmerten sich weder um Recht noch um Ordnung. Sie taten nur, wonach ihnen der Sinn stand, schalteten nach Willkür und verbreiteten überall Schrecken und Entsetzen. Diese sollte nun das Schneiderlein auch demütigen und andere Sitten lehren. Er besann sich nicht lange und marschierte schnurgerade auf die Riesenburg los. Als er im grünen Wald zur Wohnung der Riesen kam, dunkelte schon der Abend heran. Er stellte sich müde und matt, klopfte an das Tor mit dem daran befestigten Hammer und bat, als ihm geöffnet wurde, um eine Nachtherberge. Diese wurde ihm gerne gewährt. Er wurde auf das gastfreundlichste aufgenommen und in ein herrliches, vor Gold und Silber funkelndes Zimmer geführt. Dort standen auf einem Tisch die kostbarsten Speisen und die besten Weine, und der Schneider ließ sich dabei kreuzwohl sein. Die Riesen meinten es aber mit dem tapfern Schneider nicht ehrlich, denn sie fürchteten ihn und wollten ihn durch List aus dem Weg räumen. Deswegen taten sie so freundlich gegen ihn und zechten mit ihm um die Wette. Nachdem sie bis tief in die Nacht hinein geschlemmt und getrunken hatten, stellte sich endlich der Schlaf bei allen ein. Da wurde dem Schneider ein schönes Schlafzimmer angewiesen, in dem eine eiserne Bettstatt war.

Der Schneider streckte sich also gleich seiner Länge nach aufs Bett und fing an zu schnarchen, daß fast die Wände zitterten. Er lag aber ganz an einer Seite, und das war sein Glück. Denn die Riesen blieben wach und warfen, sobald sie glaubten, daß der Schneider eingeschlafen sei, große Steine aus einer Öffnung am Oberboden auf ihren Gast herab. Der Schneider gähnte, als er dies bemerkte, lachte dann und rief mit dem größten Gleichmut zu den Riesen hinauf: »Ihr Lumpen, wißt ihr denn nichts Besseres zu tun, als Erbsen auf mich herabzuwerfen?« Dann griff er nach den Steinen und warf sie mit solcher Kraft durch das Loch in der Zimmerdecke, daß zwei Riesen tot zu Boden stürzten. Das jagte dem dritten eine so große Frucht ein, daß er sich eiligst verbergen wollte. Aber jetzt dachte der Schneider an den Schlaf nicht mehr.

Da zwei Riesen tot waren, sollte auch der dritte nicht mit heiler Haut davonkommen. Der Schneider machte deshalb Licht und ging in die Riesenkammer hinauf. Als er dort eintrat, hatte der Riese gerade eine Leiter an das Lichtloch aufgelehnt, stand darauf und wollte auf das Dach hinauf fliehen. Da ergriff der Schneider die Leiter, zog sie ihm weg, und der Riese fiel in den Hof hinunter und zerschmetterte ganz und gar. Nun waren die drei Riesen tot, und der Schneider Herr des Schlosses. Als er dasselbe genug besichtigt hatte, schwang er sich auf ein Roß und ritt in die Königsstadt, wo er freudig empfangen und bei Hof gar gut aufgenommen wurde. Er mahnte den König an sein Versprechen und erhielt auch die Prinzessin zur Braut. Da gab es eine lustige Hochzeit, und das tapfere Schneiderlein war und blieb der glücklichste Mensch auf der Welt.

Die vier Tücher

❧❦❧❦❧❦

»Ihr seid nun groß und stark«, sagte ein Vater zu seinen vier Söhnen, »und müßt euch auch einmal in der Welt umsehen – vielleicht macht ihr euer Glück; – hier könnt ihr doch nicht immer bleiben.« Darüber waren die kräftigen Jungen sehr erfreut und wollten nun alle zugleich in die Fremde gehen, denn schon lange war das ihr sehnlichster Wunsch. Der Vater aber bedeutete ihnen, daß er sie doch nicht alle auf einmal von sich entlassen könne, sondern es werde an jeden die Reihe kommen, sobald der vorige zurückgekehrt war. Damit waren die Brüder einverstanden, und der Älteste sollte zuerst Stock und Reisebündel nehmen und sich auf den Weg machen.

Einen guten Spruch, den ihm der Vater ans Herz gelegt, im Gedächtnis und einige Groschen als Reisegeld von der Mutter in der Tasche, verließ Wastl, so hieß der Bursche, das väterliche Haus und ging, ein Liedlein trillernd, aufs Geratewohl der Nase nach, da er selbst nicht wußte, wohin er wollte. Er war schon eine ziemliche Strecke fortgegangen, als ihm ein kleines graues Männlein begegnete, welches ihn fragte, ob er nichts zu schachern habe? »Nein«, antwortete Wastl, »ich verstehe mich schlecht aufs Schachern«, und wollte weiter.

»Nu, eil doch nicht so«, sagte lachend das Männlein, »vielleicht habe ich etwas, was du irgendwann gut gebrauchen kannst. Hat dir nicht die Mutter Geld gegeben auf die Reise? Geh, kauf mir dieses Tuch da ab.« Wastl wunderte sich nicht wenig, als der winzige Wicht, den er doch nie zuvor gesehen hatte, von den Paar Groschen wußte, die ihm das Mütterchen zugesteckt hatte; doch getraute er sich nicht zu widersprechen, denn ihm wurde völlig unheimlich. Er ließ sich daher auf den Handel ein und wanderte dann, unbekümmert um das Männlein, weiter – ja, er hatte nicht einmal das Tuch recht angesehen, weil ihn gruselte.

So ging er zwei Tage seines Weges. Als aber der zweite Tag zu Ende ging, da wußte er keine Nachtherberge. Nirgends sah er ein Wirtshaus, sondern es lag ein großer, dunkler Wald vor ihm. Wenn nur ein Haus in der Nähe wäre, dachte er und kam so nachsinnend immer näher und schließlich ganz nahe an den Wald. Aber erst jetzt fiel es ihm ein, daß er ja kein Geld mehr hatte, und er lachte über sich selbst, wie es ihm einfallen konnte, ohne Geld so weiterzugehen oder gar an einen Abendschmaus zu denken. Mißmutig setzte er sich nieder, nahm sein Tuch heraus und breitete es lachend vor sich auf den Boden. Er schaute es nun zur Kurzweil an, weil er nichts Besseres zu tun wußte. Es war hellrot und auf den Seiten mit goldenen und silbernen Sternlein übersät. Ihm gefiel's nicht übel, als er es so betrachtete, aber Geld hätte ihm doch noch besser gefallen. Da dachte er: »Ja hätte ich nur genauso viele Taler wie Sternlein darauf sind, dann wär's schon recht.« Kaum gedacht, da lagen auch schon die klingenden Taler zuhauf auf dem Tuch, ohne daß unser Wastl wußte, wie das zugegangen.

Nun fing er an, das Geld in seine Tasche zu stecken, und merkte gar nicht, daß es Nacht und immer dunkler und dunkler wurde. Und als er es gewahrte und fortgehen wollte, sah er sich von einer Schar Räuber umgeben, die ihn hernahmen und herumstießen, daß ihm Hören und Sehen verging. Er mußte, ob er wollte oder nicht, zu ihnen in die Höhle, wo er eine nicht erhoffte Nachtherberge fand. Am andern Tag versammelten sich die Räuber um ihn und wollten, wie sie sagten, die Sache ganz kurz machen, wenn er ihnen das Tuch nicht gäbe. Wastl war froh, nur mit dem Leben davonzukommen, und ließ ihnen gerne, was sie verlangten. Darauf führten sie ihn aus der Höhle, und er wanderte nach kurzer Abwesenheit ganz betrübt wieder nach Hause und wollte nie mehr in die Fremde gehen.

Als er daheim seinen Brüdern und dem Vater erzählte, wie es ihm ergangen war, versicherten die drei andern, sie wollten sich gewiß besser in acht nehmen, und der zweite ließ nicht nach und bat immerfort, ihn ziehen zu lassen, bis endlich der Vater auch ihm das Reisebündel schnürte und die Mutter ihm einige Groschen gab und ihn wandern ließ.

Ganz wohlgemut zog er fort; aber nicht auf demselben Weg wie sein Bruder, um sich vor den Wegelagerern zu hüten, und er dachte immer: »Wenn nur bald das graue Männlein käme und mir auch so ein Tuch brächte, wie meinem Bruder! Ich wollte gewiß nicht erschrecken.« Und richtig – es dauerte nicht lange, sah er ein Männlein, so klein wie ein Zwerg, daherkommen. Gleich fiel es ihm ein, das müße das Männlein mit den Tüchlein sein. Die beiden redeten einander an, und das Männlein bot ihm ein Tüchlein zum Kauf an. Da kaufte denn unser Reisender das ihm angebotene Tuch vom kleinen Schacherer ab. Diesmal aber war es nicht mehr ein rotes, sondern ein blaues mit runden Flecken und Flaschen bemaltes Tuch. Kaum war das Zwerglein hinweg, setzte sich der frohe Hans, so hieß der zweite Bruder, ins Gras hin und wünschte Geld, so viel nur immer Gottvater selber wünschen kann; aber es war umsonst.

Jetzt fing ihn sein Handel zu reuen an. Er hörte nicht auf, den Zwerg einen listigen Betrüger zu nennen, und so lange grollte, schmähte und schalt er, bis seine Kehle ganz trokken wurde, und er statt des Scheltens eine Flasche Wein sich wünschte. Wie er aber diesen Wunsch getan hatte, stand auch schon die Flasche da, und nun meinte er, gehe es in einem hin, und wünschte sich auch Speisen in Hülle und Fülle. Alle seine Lieblingsgerichte nannte er her und alsogleich stand alles schon zu Diensten. Als es Abend wurde, ging er in ein nahe gelegenes Dorf und begab sich schnell in ein Wirtshaus, wo er vom Wirt nur ein Bett verlangte. Für das Nachtmahl, sprach er, werde er schon selber sorgen.

Der Wirt wunderte sich, daß sein Gast so mir nichts dir nichts von der Straße ins Bett lief, er ging daher demselben nach und lugte durchs Schlüsselloch ins Zimmer hinein. Nun mußte er freilich sehen, wie Hans sich sein Nachtmahl zurichtete und wie ihm die Speisen mundeten. Da wässerten ihm die Zähne nach einer so wohlbestellten Küche. Er sann nun die ganze Nacht, wie er denn dieses Tuch sich verschaffen könnte, und am andern Tag ließ er den Gast nicht aus dem Haus und tat so fein und schmeichelnd und zutraulich wie mit einem alten Bekannten, bis er ihn dazu gebracht hatte, für heute noch bei ihm zu bleiben. Inzwischen aber schickte er nach den Gerichtsdienern und ließ ihn in der Nacht noch festnehmen, indem er ihn beschuldigte, er habe ihm die Zeche nicht bezahlt. So mußte Hans die Nacht im Kerker zubringen und konnte nur durch das Zurücklassen seines Tuches wieder frei werden.

Ganz zornig trat er den Rückweg an und kam schließlich mißvergnügt über seine Reise nach Hause, wo er noch dazu von seinem dritten Bruder, Klaus, wacker ausgezankt wurde, der sich dann in aller Eile auch auf den Weg machte, um zu versuchen, ob es ihm nicht besser glücken werde, als den zwei andern Brüdern. Aber er mochte lange Zeit gehen, bis ihm das Männlein entgegenkam, so daß er schon zweifelte, ob ihm die Brüder wohl die Wahrheit gesagt hatten. Eben, als er so sinnend dahinschlenderte, spazierte auf einmal ein kleines winziges, aber steinaltes

Herrlein auf der Straße einher, und Klaus, der immer auf den Boden sah und in Gedanken rasch vorwärts ging, hätte das kleine Ding beinahe übersprungen.

Da schauten beide einander gewaltig groß an, und Klaus, fast erschrocken, wollte vorwärts eilen; der Alte aber hielt ihn, und lachend bot er ihm ein schwarzes Tuch zum Kauf an. Klaus ließ sich das nicht zweimal sagen, nahm schnell das Tuch für wenige Groschen und schritt dann rüstig weiter. Kaum war ihm das Männlein aus den Augen, zog er sein Tuch hervor und wünschte Geld, aber umsonst. Er wünschte Wein und Braten; aber es wurde keine Flasche sichtbar. Da ging ihm die Geduld aus, er kehrte und wendete das Tuch nach allen Seiten und bemerkte zufällig einen Riß darin, was ihn unwillig machte. Aber er nahm, weil er es doch nun gekauft hatte, das Tuch mit und hielt es vors Gesicht und lachte und schalt zugleich. Auf einmal sah er seinen Vater und die Brüder zu Hause arbeiten und hörte, wie sie miteinander sprachen. Da merkte er, daß dies jedesmal der Fall war, so oft er durch den Riß hindurchschaute. Nun, dachte er, das ist nicht übel, und freute sich über die neue Entdeckung.

Nun wanderte er weit und breit in der Welt umher. Da kam er in eine große schöne Stadt, deren König eben gegen einen benachbarten Fürsten Krieg führte. Das hörte Klaus, und da fiel ihm ein: »Ich könnte vielleicht ein angesehener und reicher Herr werden«, und er bot sich dem König an, alles zu sagen, was seine Feinde gegen ihn im Sinne hätten. Darüber war der König sehr froh und versprach ihm große Belohnung, wenn er in seine Dienste treten wolle, was jener auch gerne tat. Bald war nun der König Sieger über seine Feinde, und seine Macht wurde immer größer und größer. Aber dem, der ihm zu seiner Macht verholfen hatte, vergalt er seine guten Dienste schlecht. Denn sobald er merkte, auf welche Weise sein Dienstmann Klaus alles im voraus wußte, nahm er ihm das

Tuch, fertigte ihn mit schönen Worten ab und ließ ihn aus dem Lande jagen. So etwas hatte Klaus freilich nicht erwartet; um jedoch die Sache nicht noch schlimmer zu machen, nahm er sich vor, geradewegs nach Hause zu gehen und seinen jüngsten Bruder vom Reisen abzuhalten.

Doch kaum war er daheim angekommen, wollte der Jüngste auch schon fort und mochte es kaum erwarten, bis er über alle Berge hinweg war.

Weil der Vater den andern erlaubt hatte, in die Fremde zu gehen, erlaubte er es, durch viele Bitten bewegt, auch seinem jüngsten und liebsten Sohne, wie sehr er ihm auch einschärfte: »In der Fremde ist nicht der Ort zum Wohlleben.« Der junge Wanderer dachte gar nicht, wie seine Brüder, an das Männlein, sondern nahm sich ernstlich vor, sich wenig um den Zwerg zu kümmern.

Doch dieser blieb auch bei ihm nicht aus, sondern kam nach einigen Wandertagen auch zu ihm und gab ihm für das Geld, das er noch hatte, ein weißes Tuch zu kaufen. Der Reisende wollte nun gerne wissen, wozu denn etwa sein Tuch nützte, und entdeckte schließlich, daß mit dem seinigen die Kunst verbunden war, sich unsichtbar zu machen. Da ging ihm auf einmal ein Licht auf.

Er lenkte seine Schritte geradewegs in die Gegend, wo sein ältester Bruder unter die Räuber gefallen war, und schlich sich, da er einige von ihnen sah, in ihre Höhle. Hier fand er in einer Ecke das rote Tuch, welches sie seinem Bruder weggenommen, und machte sich unsichtbar damit davon.

Auf seiner Weiterreise sah er vor sich an der Straße ein großes schönes Haus, und da die Sonne nicht mehr hoch am Himmel stand, beschloß er, dort zu übernachten, wenn man ihn aufnehmen würde. Als er ans Haus kam, stand ein wohlbeleibter Herr vor der Tür, der ihn sehr höflich einlud, dazubleiben. Aha, dachte sich da der Reisende, das ist gewiß das Wirtshaus, wo mein Bruder so arg geprellt wurde. Er ging hinein und machte es genauso, wie sein Bruder es vordem gemacht hatte. Als der Wirt das sah, glaubte er, wieder einen reichen Fang zu machen, und führte ihn in dasselbe Zimmer wie den früheren Reisenden. Hier war auch noch das schöne blaue Tuch auf einem Tischchen, das unserm Jungen sogleich auffiel. Als nun der Wirt sah, daß sein Gast anfing, auf einem roten Tuch Geld zu zählen, schickte er, ohne sich lange zu besinnen, zum Gerichtsdiener. Ehe aber der noch ankam, waren der Gast und das blaue Tuch verschwunden.

»Jetzt wird mir auch der Herr König nicht entgehen«, sagte er lachend zu sich selbst, als er das Wirtshaus verlassen hatte, und beeilte sich, um möglichst schnell in die Königsstadt zu gelangen. Unter verschiedenen Vorwänden wußte er sich beim König Zugang zu verschaffen, und durch die Eigenheit seines Tuches war es ihm ein leichtes, überall ungesehen aus- und einzugehen, bis er auch das schwarze Tuch in Händen hatte. Furchtlos stellte er sich nun vor den König und gestand ihm frei, was er getan hatte. Der König, im höchsten Zorn über solche Kühnheit, wollte ihn sogleich festnehmen lassen; aber der Bursche antwortete ihm lachend: »Du kriegst mich ganz gewiß nicht!« Und darauf war er verschwunden und kehrte wieder zu Vater und Mutter heim, die nun viele glückliche Tage mit ihren Söhnen verlebten und die reichsten Leute weit und breit im Lande wurden.

Die drei Raben

Einmal lag ein reicher König, dem viel Land und Leute botmäßig waren, auf dem Totenbett. Da ließ er seinen einzigen Sohn zu sich kommen und sprach zu ihm: »Lieber Prinz, ich werde bald sterben, und du wirst dann keinen Vater mehr haben. Doch sei unbesorgt, denn ich hinterlasse dir einen klugen Berater, der dir in allen Nöten und Gefahren mit Rat und Tat beistehen wird. Solange du dem treuen Ratgeber folgst, kann dir nichts passieren. Halte dich an ihn!« Als der König dies gesprochen hatte, verschied er.

Da erbte nun der Prinz die Burgen und Städte seines Vaters und sollte über Land und Leute gebieten. Dies sah aber seine Mutter, die eine stolze, herrschsüchtige Frau war, nicht gerne, denn sie wollte selbst das Zepter führen. Deshalb sagte sie einmal zu ihrem Sohn: »Du bist noch jung und zu wenig erfahren, darum sollst du in die weite Welt ziehen und Menschen und Städte kennenlernen. Ich will indes statt deiner regieren und sorgen, daß deinem Reich kein Leid und Schaden widerfahre.« Der junge König teilte diesen Vorschlag dem klugen Ratgeber mit. Dieser meinte, eine Reise wäre nicht ungelegen, und alsbald wurde gepackt und geschnürt und alles zum Abschied vorbereitet. Die Königin dachte aber gar Arges und wollte die Rückkehr ihres Sohnes auf immer verhindern.

Deshalb kochte sie tödliches Gift, tat es in eine kristallene Flasche und gab sie ihrem Sohne mit den Worten: »Man weiß nie, was einem auf einer Reise zustoßen kann, darum nimm diese Flasche mit dem Lebenstrank. Wenn du matt und müde bist, so trink daraus, und du wirst sogleich frisch und kräftig werden.«

Der Prinz ahnte nichts Böses, nahm die Flasche und dankte seiner Mutter. Dann nahm er Abschied von ihr und seinen Räten und fuhr mit dem Ratgeber auf und davon. Sie waren nicht lange gereist, als sie in einen sehr großen, kühlen Wald kamen, der sich weit und breit ausdehnte. Sie fuhren zwei Tage und zwei Nächte und kamen noch nicht ins Freie. Da waren sie müde und hungrig, denn im Wald fand sich keine Herberge, und kein Wirtshaus lud zur Rast. Jetzt dachte der Prinz an den Lebenstrank, nahm die Flasche und wollte trinken. Das sah der kluge Ratgeber und sprach: »Lieber Herr, die Rosse sind auch matt und hungrig und schleppen den Wagen kaum mehr weiter. Darum wollen wir zuerst ihnen von dem Saft geben und erst dann selbst trinken. Sie verdienen es, denn sie ziehen und wir sitzen bequem im Wagen.«

Diese Rede gefiel dem Prinzen, und er gab dem treuen Diener die Flasche. Der Ratgeber stieg nun aus dem Wagen und gab einem der Pferde einige Tropfen vom Trank. Doch kaum war der höllische Saft auf die Zunge des armen Tieres gekommen, als es maustot zu Boden fiel. Nun war die Arglist der stolzen Königin offenbar. Der Ratgeber spannte das tote Pferd aus, und man fuhr mit den drei übrigen von dannen.

Als sie ein Stücklein Weges gefahren waren, schaute der Ratgeber zurück und sah, wie drei Raben zu dem toten Pferd flogen, um von dem Aas zu fressen. Kaum hatten sie aber an dem Pferdefleisch gepickt, als sie tot umfielen. Da dachte sich der kluge Ratgeber, vielleicht können die toten Raben uns nützen, hielt den Wagen an und holte die toten Vögel. Dann ging die Fahrt wieder langsam weiter. Jetzt wurde der Wald immer dichter, uralte Bäume streckten ihre bemoosten Äste aus, auf denen wilde Vögel kreischten. Da zeigte sich in dieser schaurigen Einöde bald ein

Haus, auf das der Prinz und der Ratgeber zufuhren. Als sie dort ankamen, war nur eine alte Frau zu Hause. Sie schlug, als sie die zwei Fremden sah, die Hände über dem Kopf zusammen und sprach: »Mein lieber Gott, ihr seid in eine Räuberhöhle geraten, woraus euch niemand retten kann, denn bald werden die zwölf Schelme kommen, und dann ist's um euch geschehen.«

Da wurde der Prinz blaß vor Schrecken, aber der Ratgeber verzog keine Miene und flüsterte dem jungen König zu: »Seid unbesorgt und tut alles, was ich tue.« Er nahm die drei toten Raben, gab sie der alten Frau und sprach: »Koch uns mit diesen Vögeln ein Eingemachtes, denn wir sind hungrig.« Während die Alte in die Küche ging, um den Auftrag auszuführen, traten der Prinz und der Ratgeber in die Stube, wo sie sich setzten. Sie waren noch nicht lange dort, als die zwölf Räuber kamen und sich bei Fraß und Trank gütlich taten.

Der Ratgeber spielte den Lustigen und sang und lärmte mit den Räubern, als ob Kirchweih wäre. Der Prinz folgte seinem treuen Diener und lachte auch mit. Als das eine Zeitlang so gegangen war, brachte die alte Frau das Eingemachte und setzte es auf den Tisch. Die Brühe duftete würzig und stieg allen Räubern in die Nase. Wie der Ratgeber dies bemerkte, war er froh und lud die Räuber zum Essen ein. Die zwölf Kerle ließen sich das nicht zweimal sagen und fielen heißhungrig wie Drescher über Brühe und Vögel her. Da taumelte einer nach dem andern unter den Tisch hinein und keiner stand wieder auf. So waren der Prinz und der Ratgeber durch die vergifteten Raben aus den Händen der Räuber befreit und setzten, nachdem sie sich mit Wein und Brot gestärkt hatten, ihre Reise fort. Der Wald wurde bald lichter, und eher als sie es meinten, waren sie im Freien.

Da lag eine große, wunderschöne Stadt vor ihren Augen, auf die sie freudig losfuhren. Bald hatten sie den Ort erreicht und machten beim erstbesten Wirtshaus halt. Sie gingen, nachdem ausgespannt und abgeladen war, in die Zechstube und setzten sich zu anderen Gästen. Der Ratgeber machte sogleich mit einigen Trinkern Bekanntschaft und fragte: »Was gibt es hierzulande Neues?«

»Ach mein Gott«, sprach ein Gast, »bei uns bleibt alles beim alten, und auch die Fürstin, der dies Land gehört, treibt ihre alten Torheiten fort.«

»Wieso?« forschte der Ratgeber weiter.

»Ja, das weiß ja die ganze Welt. Sie hat vor Jahr und Tag schon kundtun lassen, daß sie jenem, der imstande ist, ihre Rätsel zu lösen, ihre Hand und ihr Reich geben werde. Seitdem kommen nun Freier aus allen Weltgegenden und wollen die Rätsel der Königin lösen. Doch bisher glückte es keinem. Darum weiß aber auch die stolze Frau nicht mehr vor Stolz, was sie mit den armen Teufeln anfangen soll. Errät ein Werber ihre Rätsel nicht, so läßt sie ihn als Narren ankleiden und durch die Stadt peitschen. Oder er muß auf einem Esel durch alle Gassen und Straßen reiten und den Buben zum Spott dienen. Das hat schon manch edler Herr über sich ergehen lassen müssen und schlich sich dann, geschändet für ewige Zeiten, von dannen. Das tut einem ehrlichen Kerl, wie unsereiner ist, weh, denn Stolz geht voran und Schande hintennach.«

Da dachte sich der Ratgeber, die muß ich zu Paaren treiben, und ging mit dem Prinzen in die königliche Burg. Hier angekommen, wurden sie als Werber zur Königin geführt, die ihnen Rätsel aufgeben wollte. Dem kam aber der kluge Ratgeber zuvor und sprach: »Frau Königin! Wenn Ihr erlaubt, will ich die Sache umkehren und Eurer Gnaden ein Rätsel vorlegen, denn Eure Weisheit, die andern so harte Nüsse zu knacken gibt, versteht ohne Zweifel fremde Rätsel leicht zu lösen. Darum wollen Eure Gnaden geruhen, ein Rätsel von mir anzunehmen und, falls dasselbe nicht gelöst werden sollte, meinen Begleiter als Ehegemahl zu erklären.«

Die Königin konnte auf diesen Antrag nichts Stichhaltiges entgegnen und mußte sich das böse Spiel gefallen lassen – doch nahm sie sich drei Tage Bedenkzeit und hoffte, binnen dieser Frist mit Hilfe ihrer Bücher jedes Rätsel lösen zu können. Der Ratgeber gab nun folgendes Rätsel: »Eins tötet drei, drei töten zwölf. Was ist das?« Dann kehrte er mit dem Prinzen in das Gasthaus zurück, wo sie bis zum Ablauf des dritten Tages blieben.

Die Königin aber sann und sann, schlug in ihren alten Büchern nach und ließ alle Minister, Räte und Weisen zusammenkommen. Doch alles war vergebens. Gegen dieses Rätsel war kein Kräutlein gewachsen, und ehe man sich dessen versah, waren die drei Tage verflossen, und die zwei Fremden begehrten Vorlaß. Da half der stolzen Königin all ihre Weisheit nichts, und sie mußte ihrem Versprechen gemäß dem Prinzen, den sie für einen Landstreicher hielt, ihre Hand geben. Da wurde nun getrommelt und gepfiffen, daß die ganze Stadt widerhallte, und die Hochzeit dauerte drei ganze Tage.

Der treue Ratgeber wurde Minister und blieb bei Tag und bei Nacht in der Nähe des Königs. Dieser aber hatte wenig Freude an seiner Gemahlin, denn sie war stolz und herrisch und verachtete ihren Mann. Das mißfiel dem treuen Ratgeber sehr, und er beschloß, diesem Treiben ein Ende zu machen. Er nahm deshalb seinen Herrn oft zu sich und ritt mit ihm auf ein einsames Waldschloß, wo sie sich tagelang aufhielten. Wenn der schöne junge König dann wieder zurückkam, freute sich die Königin und fragte, warum er so lange ferngeblieben sei und was er getan habe. Dann erhielt sie zur Antwort: »Wir spielten auf dem Waldschloß mit anderen Herren, und heute habe ich wieder hunderttausend Gulden verloren.«

Das war der Königin zu toll, sie zürnte und war grämlich,

bis der junge König wieder mit dem Minister Ratgeber von dannen ritt, um sich beim Spiel die üble Laune zu vertreiben. So ging es lange Zeit, bis eines Abends der König leichenblaß in das Zimmer der Königin stürzte und rief: »Meine liebe Gemahlin, ich habe alles verspielt. Das Königreich samt Land und Leuten ist verloren. Wir müssen augenblicklich fort, wenn wir der Schande und dem Betteln entrinnen wollen.« Ehe die Königin sich faßte, stand ein Wagen, mit sechs Pferden bespannt, in Bereitschaft, den die Königin, ihr Gemahl und der Minister Ratgeber bestiegen. Alsbald ging's so schnell von dannen, als ob der Wind sie forttrüge. So wurde gefahren, bis sie zur Heimat des Prinzen kamen. Als sie sich der Residenz näherten, wurde angehalten, und der Ratgeber eilte nun zu Fuß voraus.

Langsam fuhren der König und die Königin weiter. Bald kamen sie zu einer kleinen, armen Hütte, die in einer verrufenen und schmutzigen Gasse stand. Hier wurde halt gemacht und ein altes, gebeugtes Mütterlein humpelte heraus und zeigte die größte Freude über die Ankunft ihres lange vermißten Sohnes. Der Prinz stieg nun mit seiner Gemahlin aus dem Wagen, und beide begaben sich in die niedrige, dumpfe Stube. Darauf sprach der Königssohn zu seiner Frau: »Liebe Gemahlin, wir sind nun in meiner Heimat. Laß es dir hier gefallen und arbeite, damit wir nicht Hunger leiden müssen. Ich werde wieder als Maurergeselle ins Tagwerk gehen und mit der Arbeit meiner Hände unser Brot verdienen.« Die Königin blieb nun im niedrigen Häuslein, während ihr Gemahl täglich in die Stadt ging, um, wie sie meinte, dort zu maurern.

In der Tat begab er sich aber in das königliche Schloß, wo er mit seinen Räten und Ministern Regierungsgeschäften oblag, denn seine stolze Mutter war in der Zwischenzeit gestorben. Wenn er abends ins kleine Häuschen zurückkam, gab er seiner Frau den Taglohn, um das Nötige damit zu bestreiten. Die Frau wollte sich durch Sticken und Häkeln manchen Kreuzer verdienen; doch all Bemühen war vergebens, denn sooft sie ein Stück Arbeit in die Stadt geschickt hatte, wurde es ihr zurückgesandt mit den Worten: »Eine so grobe und schlechte Arbeit kauft man nirgends.« Darüber war die arme Frau sehr beschämt und betrübt und klagte das Leid ihrem Mann.

Dieser sprach zu ihr: »Mein liebes Weib, da mußt du auf andere Weise dir einen Kreuzer zu gewinnen suchen. Ich will irgendwo Geld zu leihen suchen. Damit kannst du Geschirr kaufen und das auf dem Marktplatz feilbieten. Einiges kannst du dir damit verdienen; denn regnet es nicht, so tröpfelt's doch.« Gesagt, getan. Der vermeintliche Maurergeselle ging fort und kam mit Geld nach Hause. Nun wurden bayerische Tassen und Teller, Schüsseln und Krüge gekauft, und am folgenden Tag saß die Frau in einem ärmlichen Kittel auf dem Platz und bot Geschirr feil. Das tat sie längere Zeit hindurch, und mancher Kreuzer flog ihr so in die Schürze. Wie sie eines Tages wieder auf dem Platz bei ihren Töpfen und Tiegeln saß, da kam ein stolzer schöner Herr, der ihrem Mann ähnlich sah, auf einem weißen Pferd herangeritten und sprengte, ohne daß er es zu bemerken schien, über das Geschirr der armen Händlerin hin, daß die Scherben links und rechts hinausflogen. Da weinte das arme Weib bittere Tränen, denn all ihre Habe und ihre Hoffnung waren zertrümmert. Traurig kehrte sie in die dumpfe Hütte zurück und klagte dem Maurer, als er heimkam, ihr Unglück.

Da zankte er sie aus und machte ihr bittere Vorwürfe über ihre Unachtsamkeit. Sie ertrug seine beißenden Worte ohne Gegenrede. Endlich schien ihr Mann besänftigt und sprach zu ihr: »Nun lassen wir das Verlorene fahren, denn dies Geschirr macht niemand mehr ganz. Aber höre, morgen muß ich den vollen Tag in der königlichen Burg arbeiten und darf keinen Schritt wegmachen. Drum bring mir morgen das Mittagessen aufs Schloß. Du brauchst nur bei der Pforte nach mir fragen, und dann wirst du mich schon finden.«

Am folgenden Tage ging der Maurer in aller Frühe in die Stadt. Als die Mittagsstunde nahe war, trug das arme Weib eine Schüssel mit Suppe und Knödeln in die Burg. Weil sie sich aber schämte, die schwarze Schüssel öffentlich über die Gasse zu tragen, hatte sie diese unter die Schürze gebunden und ging so zur Pforte. Als sie dort nach dem Maurergesellen fragte, hieß es: »Geh nur über die Stiege hinauf in die Küche. Dort wird man dir den Weg weisen.«

Geduldig stieg sie über die blanke Marmortreppe hinauf und trat in die Küche. Da sagte der Koch: »Ganz gut, daß jemand kommt. Nimm gleich diesen Auflauf und trag ihn zum Saal hinauf. Du brauchst nicht hineinzugehen. Ein Bedienter wird dir den Teller schon abnehmen, und dann komm, und ich werde dich schon zum Maurer weisen.«

Sie tat, wie ihr geheißen, nahm den Teller und trug ihn zum Saal hinauf, wo Pauken und Trompeten lärmten. Als sie an der Tür stand und keinen Bedienten sah, spähte sie in den Saal. Kaum hatte sie aber einen Blick hineingeworfen, kam ein schöner, reicher Herr und führte sie in den Saal, wo sie trotz allen Sträubens mit ihm tanzen mußte. Wie sie so walzten, flogen Suppe und Knödel rechts und links, daß sie vor Scham feuerrot wurde. Kaum hatte dies der prächtige Herr, mit dem sie tanzte, bemerkt, als er mit seiner Rechten winkte. Augenblicks schwiegen Trompeten und Hörner. Er führte nun die arme Frau zum Thron und sprach: »Meine Treuen, in dieser Frau stelle ich meine Gemahlin und eure Königin vor.« Auf dieses fielen schmetternd Trompeten und Pauken ein. Ein Tusch folgte dem andern. Indessen führte der junge König seine Gemahlin in ein Nebengemach, wo für sie ein goldenes Kleid bereitlag und der König ihr erklärte, wie er sie geprüft habe. Als sich die Königin umgekleidet hatte, kehrten sie in den festlich geschmückten Saal zurück und feierten eine glänzende Hochzeit. Seitdem herrschten König und Königin über zwei Reiche und lebten vergnügt und glücklich. Die Königin waltete mit großer Milde und wurde wegen ihrer Bescheidenheit ohne Maß geliebt. Der Ratgeber blieb Minister und der treue Diener des edlen Königs bis zu seinem späten Tode.

Der Müller auf der Wallfahrt

꙰ꙮ꙰ꙮ꙰ꙮ꙰

Ein Müller hatte in seiner Mühle sehr unter den lästigen
Mäusen zu leiden, so daß er seine Arbeit völlig verlor. Da
versprach er eine Wallfahrt und machte sich unverzüglich
auf den Weg. Als er nun ein Stück von seiner Heimat weg
in einen Wald kam, sah er ein Rotkehlchen im Gebüsch
sitzen. Das Vögelein rief ihm zu: »Müller, wo gehst du
hin?«
Er antworte: »Wallfahren.«
Das Rotkehlchen sprach weiter: »Laß mich auch mit, um
dich zu begleiten. Und wenn du nach Hause kommst, will
ich meinen Gesang in deinem Zimmer anstimmen und dir
immer treu dienen.«
»So komm«, antwortete der Müller. Sie gingen nun mitsammen. Gar nicht weit, trafen sie eine Gans. Sie rief ihnen
zu: »Müller, wo gehst du hin? Laß mich auch mit. Ich will
dir treu dienen, darfst mich zu Hause nur in die Schublade
des Tisches hineinsperren.«
»Geh halt mit!« sagte er und ging des Weges weiter. Da
erblickte er einen Haushahn. Dieser rief ihn an, ob er ihn
nicht auch mitgehen lasse. Ei, dachte sich der Müller, es ist
doch sonderbar, daß ich heute überall Anstand habe; muß
ihn doch auch mitnehmen, und gab ihm so das Jawort. Der
Hahn sagte: »Ich bin leicht zu finden, wenn du mich in
deinem Hause nur auf den Kamin hinaufquartierst.«
So gingen alle vier wieder nicht weit, bis der Müller eine
Katze am Wege sitzen sah. Diese rief: »Jau, jau, Müller,
wohin? Jau, jau, laß mich auch mit dir ziehen, kannst mich
in deiner Werkstätte zum Vertilgen der Mäuse gut brauchen.«

»Ei ja, wenn's so ist, geh nur mit«, sagte er. Kaum war dieses Gespräch vorbei, kam schon ein Ochs auf ihn zu und fragte den Meister Müller auch ums Mitgehen, er wolle ihm gut dienen und täglich den Mühlwagen ins Dorf ziehen, wohnen wolle er auf dem Stadel. Ja, ja, dachte er sich, ich muß wohl, sonst fallen alle meine Reisegesellen über mich her. Ich hätte halt das erste nicht sollen mitlassen. Und gab ihm somit die Erlaubnis, sich auch beigesellen zu dürfen.

Er ging mit seinen Gesellen wieder ein Stück weiter, bis ihn ein Esel das nämliche wie der Ochs zurief. Der Müller ließ ihn auch mitziehen, und so gesellten sich Ochs und Esel zusammen. Zuletzt kam noch ein Schwein und sagte: »Müller, wo gehst du hin? Laß mich auch mit, will dir viel Düng machen, und wenn du mich nicht mehr brauchst, kannst doch meinen Speck und mein Fett brauchen. Ich will nur vor deinem Stall auf dem Düngerhaufen meine Tage verleben.«

Er ließ es halt auch mitgehen, und zog so samt achten den Wald entlang, bis daß die Nacht hereinbrach, so mußten sie also im Dunkel der Gebüsche den kommenden Tag erwarten.

Als sie nun ihr Lager aufschlugen, sagte eines zum andern: »Wir werden nach Ortiar, von Räubern und Mördern hier sicher sein.« »Das wollen wir gleich sehen«, sagte die Katze, »ich kann gut klettern und komme leicht auf die höchsten Spitzen der Bäume.« Und somit bestieg die Katze den Baum und erblickte in ihrer Nähe ein Feuer, bei welchem einige Räuber ihr Geld zählten. Sie berichtete es sogleich ihren Gefährten. Diese fingen darauf ein Wutgeschrei an und brachten es endlich dahin, daß die Nachtmänner mit leerer Hand von ihrer Beute sprangen. Der Müller aber war behende und packte dem Esel, Ochs und sich selber Schätze auf, daß sie sie kaum fortbringen konnten. Sobald es Tag wurde, kehrten der Müller und seine Gesellschaft in seine Heimat zurück, und er dachte nicht mehr an seine Wallfahrt. Jedes Tier ging an den gewünschten Platz hin. Wie es nun Abend wurde, ging der Müller ins Dorf zu einer Unterhaltung. Da begegneten ihm zwei Diebe, welche den Müller kannten und eben von seinem Glück gehört hatten. »Bei diesem Müller brechen wir heute ein«, sagte einer zum andern und gingen geradewegs zu dem Haus des Müllers. Es gelang ihnen wirklich, in die Stube hinaufzukommen, und sie berieten, wo er sein Geld versteckt haben könnte.

Als nun der eine die Schublade des Tisches herauszog und die verschieden gefärbte Gans erblickte, sprach er zum andern: »Du, lauf hinaus, eine Hexe ist da!« Als sie aber in die Küche kamen, schlug der Hahn im Kamin seine Flügel hin und her, daß mancher Unrat herabfiel. Auch hier getrauten sie sich nicht länger aufzuhalten und gingen zu der Mühle hinüber. Aber auch hier erblickten sie zu ihrem Schrecken die Katze mit ihren zwei feurigen Augen. Der zuerst hineinging, sprang zurück und schrie: »Der Teufel ist da, der Teufel ist da.« Von diesem Geschrei gestört, stampften Ochs und Esel auf dem Stadeltennen, und das Schwein grunzte beim Düngerhaufen, daß der Hahn auf der Spitze des Kamins sein Wachgeschrei anstimmte, er schrie: »Kikeriki.«

»All' sein mir hin«, sagten sie zueinander. Der Müller hatte von selber Zeit an Arbeit genug und keine Maus mehr in der Mühle.

Der Vogel Phönix, das Wasser des Lebens und die Wunderblume

❧✦❧✦❧✦❧

Es verirrte sich einmal ein junger Ritter auf der Jagd so sehr, daß er um alles in der Welt den Rückweg nimmer finden konnte. Von allen Seiten umstanden ihn alte Tannen, moosige Lärchen und riesige Fichten, und kein Weg und kein Steig zeigten ihm den Heimweg. Da wurde er sehr traurig und suchte von neuem einen Ausgang, doch es war vergeblich. Es begann schon Abend zu werden, und die letzten Strahlen der Sonne zitterten und schossen durch die Äste der Bäume, daß es ein lustiges Spiel war, dann verschwanden sie. Es wurde nun im dichten Wald noch dunkler und unheimlicher.

Da dachte sich der Ritter, im Wald hausen viele wilde Tiere und diese werden mich zerreißen und auffressen, wenn sie mich hier finden. Er sann hin und her, was in seiner Lage zu tun sei. Wie er so eine Zeitlang nachgedacht hatte, fiel ihm ein, auf einen Baum zu steigen, um dort zu übernachten. Er hoffte, daß er dort sicher sein werde. Gesagt, getan. Er kletterte die zunächststehende Tanne empor und immer höher und höher, bis er auf einem der höchsten Äste saß wie ein Eichhörnchen. Wie er so auf dem hohen Baum droben war, konnte er den Wald nach allen Seiten hin übersehen.

Er hatte sich noch nicht lange umgeschaut, als er plötzlich gar nicht weit ein Licht schimmern sah. Er merkte sich die Gegend, von der der Schein kam, genau, stieg dann behende vom Baum herunter und wanderte auf das Licht zu. Mit seinem Schwert haute er sich Bahn durch Gestrüpp und Dornenbüsche, bis er endlich müde vor einer ärmlichen Bauernhütte, in der das Licht brannte, ankam. Er klopfte an die Tür und bat um eine Nachtherberge. Kaum hatte er dies getan, öffnete sich das Haus, und ein altes Bäuerlein hieß ihn willkommen. Er wurde in die Stube geführt und dort von den Töchtern des Bauern überaus freundlich aufgenommen. Eine davon ging sogleich in die Küche, machte Feuer an und sott ihm einige Eier. Der Ritter erzählte, wie er sich verirrt habe und dann andere Jagdabenteuer, die er früher bestanden hatte. Als er das karge Nachtessen zu sich genommen hatte, legte er sich, weil er so müde war, auf die Ofenbank, auf der er übernachten sollte. Er war nicht lange gelegen, als der Schlaf sich einstellte und er süß zu schlummern begann.

Als die drei Töchter des Bauern merkten, daß der schöne Ritter eingeschlafen war, fingen sie an, von ihm zu reden. Da sagte unter anderem die Älteste: »Wenn ich einen so schönen Mann bekommen würde, müßten meine Kinder werden wie Milch und Blut.« Die zweite meinte, wenn sie einen so stattlichen Burschen hätte, müßten ihre Kinder lieblicher als Schnee und Wein aussehen. Da nahm die Jüngste das Wort und sprach: »Bleibt mit euren Wünschen zu Hause! Wenn ich einen so prächtigen Mann bekommen würde, müßte ich Kinder kriegen so schön wie weiße und rote Rosen, und ihre Haare müßten wie aus purem Gold sein!«

Als sie dieses sprach, war der Ritter gerade erwacht und hörte ihre Rede. Und weil die Dirne so schön war, entschloß er sich, sie zur Frau zu nehmen. Er hielt sich aber ruhig und still und ließ von seinem Vorhaben nichts merken. Am andern Tag, als die Jüngste zuerst in die Stube gekommen war, eröffnete ihr der Ritter seinen Entschluß. Das Mädchen wußte nicht, wie ihr geschah. Es blickte bald fragend den Ritter an, bald schlug es die Augen zu Boden. Als aber der schöne Herr auf seiner Rede bestand, hatte sie eine übergroße Freude und wußte nicht, was sie vor Lust tun sollte. Der Ritter teilte sein Anliegen ihrem Vater mit, und da dieser nichts dagegen einzuwenden hatte, wurde die Heirat beschlossen, es mochte die beiden älteren Schwestern ärgern, wie es wollte.

Der Ritter nahm noch am nämlichen Tag von der Bauernhütte Abschied und kehrte mit seiner Braut auf sein Schloß zurück. Da ging es nun lustig und laut her, als die Hochzeit gefeiert wurde, daß der Traurigste hätte froh werden müssen. Der Ritter und seine schöne Frau lebten nun ein glückliches Leben, und sie meinte oft, es könnte im Himmel nicht feiner sein, als sie es hier auf Erden hätte. Es dauerte aber nicht lange, und das Glück wurde gestört. Der Ritter mußte nämlich in den Krieg ziehen, um das Land zu verteidigen, und da hatte die Frau viele trübe, traurige Zeiten. Sie verging fast vor Sehnsucht nach ihrem lieben Gemahl und konnte vor Leid beinahe weder essen noch schlafen. Während der Ritter noch im Feld stand, erfüllte sich die Zeit der Frau, und sie genas zweier Kinder, eines Söhnleins und eines Töchterleins. Die Kinderlein waren aber so schön wie rote und weiße Rosen, und ihre Haare waren aus purem Gold. Da hatte die Frau eine unaussprechliche Freude, daß ihr Wunsch so in Erfüllung gegangen war, und wollte ihrem Herrn gleich davon Nachricht geben. Sie bat deshalb eine Schwester, die aufs Schloß gekommen war, um bei der Kinderpflege zu helfen, dem Ritter von dem glücklichen Ereignis zu schreiben. Diese ließ sich nicht zweimal bitten und schrieb einen Brief. Weil sie aber schon lange Zeit die jüngste Schwester um ihr Glück beneidet hatte, meldete sie dem Ritter in dem Brief, seine Gemahlin habe zwei Kinder bekommen, diese hätten aber Hundsköpfe und seien so häßlich, daß sie ihm raten müßte, sie ins Wasser werfen zu lassen. Mit diesem Brief sandte sie einen Boten an den Ritter. Dieser wollte anfangs, als er das Schreiben las, seinen Augen nicht trauen. Als er aber den Brief wieder gelesen hatte und sah, daß er richtig gelesen hatte, war er anfangs zutiefst betrübt, doch bald verwandelte sich sein Schmerz in wütenden Zorn, und er gab Befehl, man solle die Kinder in das Wasser, seine Gemahlin aber ins Gefängnis werfen. Die grausame Anordnung des Ritters wurde ausgeführt. Die Rabenschwester ließ die zwei schönen Kinder in einen Mühlbach und die Frau Ritterin in den Kerker werfen. Der Schmerz über diese schnöde Behandlung und die Trennung von ihren Kindern betrübten aber die gute Frau so sehr, daß sie erkrankte und nach kurzer Zeit wie tot im Kerker gefunden wurde.

Die armen Kinder wurden vom kalten Wasser weggetragen, bis sie von einem Rechen, der bei einer einsamen Mühle stand, aufgehalten wurden. Als der Müller, der ein herzensguter Mann war, die armen nassen Kindlein sah, hatte er das größte Mitleid mit ihnen, nahm sie aus dem Wasser und trug sie in die Stube. Da sah er erfreut, wie schön sie waren, und konnte sich nicht satt an ihnen schauen. Als er merkte, daß die Kindlein noch am Leben waren, empfand er die größte Freude, legte sie in sein Bett und gab ihnen, als sie sich erholt hatten, zu essen und zu trinken. Er entschloß sich, die Kleinen, weil sie gar so schön waren, bei sich zu behalten und aufzuziehen. So lebten nun Brüderchen und Schwesterchen in der Mühle, wuchsen und wurden von Tag zu Tag schöner und lieber. Der Müller hatte seine Freude an ihnen und liebte sie so, als ob es seine eigenen Kinder wären, und die hielten ihn für ihren wahren Vater und taten alles, was sie ihm an den Augen ablesen konnten. So ging es viele Jahre. Als die zwei Findlinge eines Abends wieder in der Stube bei dem Müller saßen, das Mädchen spann und der Knabe schnitzte, da eröffnete ihnen der Müller, daß er nicht ihr rechter Vater, sondern nur ihr Nährvater sei.

Die Kinder machten, als sie dies hörten, große Augen und wollten den Worten ihres vermeintlichen Vaters nicht glauben. Wie der Müller dies sah, erzählte er ihnen haarklein, wie er sie gefunden habe, und daß er trotz aller Bemühungen ihre Eltern nicht habe auffinden können. Die guten Kinder waren wegen dieser Neuigkeit sehr betrübt. So lieb der alte Müller gegen sie war und so gut es ihnen in der Mühle ergangen war, so kam ihnen nun doch alles fremd vor, und sie empfanden eine große Sehnsucht nach ihrer wahren Heimat. Sooft sie allein waren, sprachen sie darüber, wo wohl ihr Vaterhaus sein möchte, und nachts träumten sie davon. Diese Sehnsucht wurde nach und nach so stark, daß sie beschlossen, die Mühle und ihren Pflegevater zu verlassen und in die weite Welt zu wandern, um die Heimat aufzusuchen. Der Müller versuchte anfangs, sie von ihrem Vorhaben abzuhalten, als er aber sah, daß sie sich von ihrem Vorhaben nicht abwendig machen ließen, gab er ihnen seinen Segen, gute Lehren und ein Säcklein mit Lebensmitteln mit auf die Wanderung.

Sie zogen nun aus und gingen, weil ihnen der Müller erzählt hatte, daß er sie im Mühlbach gefunden habe, bachaufwärts. So waren sie schon lange gegangen und hatten von ihrer Heimat und ihren Eltern keine Spur entdeckt. Da kamen sie eines Abends müde und matt zu einer großen, großen Stadt, und vor dieser stand ein prächtiges Schloß mit einem schönen Tor und hohen Türmen.

»Schau, es will schon Nacht werden«, sprach das Mädchen, »und ich bin so müde, daß ich fast keinen Fuß mehr vor den anderen setzen kann!«

Das Bübchen antwortete: »Ich bin auch müde und dazu hungrig. Geh, schauen wir, daß wir in dem Schloß hier über Nacht bleiben können.«

Sie gingen nun zum Burgtor und baten dort um eine Herberge. Dem Torwart, der sonst ein mürrischer, griesgrämiger Kauz war, gefielen die bildschönen Kinder so, daß er sie einließ und ihnen freundlichen Bescheid gab. Der Ritter hatte an den Kindern sein Wohlgefallen und fühlte sich, ohne zu wissen, warum, zu den Kleinen hingezogen. Er sprach lange und viel mit ihnen, ließ sie gut bewirten und wünschte ihnen eine gute Nacht.

Da waren Brüderchen und Schwesterchen seelenvergnügt und suchten, nachdem sie sich satt gegessen hatten, ein warmes Nestchen, worin sie gut schliefen und allerlei zusammenträumten. Als der Tag schon vorgeschritten war, erwachten die Zwillinge, nahmen ihr Frühstück und wollten dann weitergehen, ihre Heimat aufsuchen. Bevor sie jedoch weiterwanderten, gingen sie zum Ritter, um ihm für die Nachtherberge zu danken. Dieser empfing sie sehr freundlich und fand die Kinder so lieb, daß er sie nicht weiterziehen ließ. »Bleibt nur noch eine Zeitlang bei mir«, sprach er, »und es soll euch nichts fehlen.«

Den Kindern gefiel dieser Vorschlag und sie entschlossen sich bald, in dem Schloß zu bleiben. So freundlich aber der Ritter war, so mißgünstig war seine Wirtschafterin. Diese hatte gegen die fremden Bälge, wie sie die zwei Kinder nannte, die größte Abneigung und wollte sie selbst durch Gewalt aus dem Weg räumen. Sie gab ihnen nur böse Worte, stieß sie hin und wieder, sooft der Ritter es nicht sah, und begegnete ihnen auf die liebloseste Weise. Als sie sah, daß die Kinder trotzdem im Schloß blieben und keine Miene machten, sich zu entfernen, suchte sie durch List, den Knaben, der ihr am meisten zuwider war, zu verderben. Sie tat ihm nun schön, gab ihm gute Worte und schmeichelte sich bei ihm ganz und gar ein. Der gute Knabe ahnte nichts Böses, nahm alle ihre Liebkosungen für bare Münze und war ihr in allem willfährig.

Da sprach sie eines Morgens zu ihm: »Du könntest mir eine große Freude machen, wenn du mich wirklich gern hast.« Der Knabe fragte sie, was er tun sollte, und sie antwortete: »Wenn du in den Wald hinausgingest, den Vogel Phönix zu holen, wärst du der bravste Bursche auf der Welt.« Dies sagte sie, weil sie wohl wußte, daß es dem Burschen unmöglich sein werde, und weil sie hoffte, der Knabe werde im Wald, der von wilden Tieren wimmelte, zerrissen und aufgefressen werden.

Der Knabe nahm seine Juppe und seinen Strohhut und ging guter Dinge in den finsteren Forst hinaus. Er war voll Freude und sah auf jeden Baum hinauf, in der Meinung, es könnte drauf der Phönix nisten. So war er schon eine gute Strecke gewandert, und der Wald wurde immer dichter. Uralte Bäume standen so dicht, daß ihre bemoosten Äste ineinandergriffen und undurchdringbare Gehänge bildeten. Da war guter Rat teuer, und dem Knaben fiel das Herz in die Hosen.

Er fing an, sich zu fürchten, und wußte nicht mehr wo an und wo aus. Wie er so ratlos dastand, kam ein Fuchs dahergeschlichen, der einen ellenlangen Schweif nachzog und pfiffig dreinschaute. Als er ganz in die Nähe des Knaben gekommen war, fing er an zu reden und sprach: »Ich weiß wohl, du willst den Vogel Phönix. Wenn du aber mir nicht folgst, so wirst du den Wundervogel nie bekommen.« Der Knabe konnte sich über den redenden Fuchs nicht genug verwundern, und ihm kam die ganze Sache nicht geheuer vor; doch folgte er dem Fuchs, der sich oft nach ihm umsah. Als sie so eine Strecke schweigend fortgewandert waren, kamen sie zu einem ungeheuern Strom, der hoch und wild dahinfloß.

»Da drüben hat der Phönix sein Nest«, sprach der Fuchs, als sie am Ufer standen. »Da hinüber mußt du, obwohl keine Brücke da ist. Doch das macht nichts, wenn du nur Mut hast. Hänge du dich nur an meinen Schweif und halte an ihm fest, dann sollst du glücklich hinüberkommen. Läßt du aber den Schweif los, wirst du unrettbar verloren sein.« Der Knabe hängte sich nun an den Schweif des Fuchses und dieser sprang in den Fluß hinein und schwamm lustig durch das Wasser. Ehe man's erwartet hätte, standen beide, freilich durchnäßt wie eine getaufte

Maus, am jenseitigen Ufer. Da ragte ein steiler Felsen empor und daran hing, wie hinaufgeklebt, das Nest, aus dem drei junge Phönixe herausguckten. »Siehst du«, sprach der Fuchs, »das Nest dort oben? Da mußt du nun hinauf und von den drei Jungen dasjenige holen, das in der Mitte ist. Würdest du aber ein anderes erwischen, müßtest du sterben.«

Der Knabe kletterte nun hinauf, wie eine Spinne, packte den bezeichneten Phönix und brachte ihn glücklich herunter. Nun ging es an die Rückfahrt. Der Knabe hängte sich wieder an den Schweif des Fuchses und dieser schwamm wieder durch das wilde Gewässer ans Ufer. Dann geleitete er den Knaben durch den wilden Wald bis zum Feld, und erst hier verließ er ihn. Dem Burschen war jetzt katzenwohl, weil er das Schloß wiedersah, und er eilte mit der größten Freude darauf zu. Als er dort angekommen, lief er jubelnd zu der Frau und gab ihr den Phönix. Diese nahm den Vogel an, lächelte und lobte den Burschen, obwohl ihr Herz vor Gift und Galle schwoll.

Nachdem ihr der erste Versuch, den Knaben zu verderben, mißlungen war, sann sie einen neuen Plan aus, ihn loszuwerden. Dazu bot sich bald eine Gelegenheit. Der Graf wurde krank, so schwer, daß der herbeigerufene Doktor die Sache sehr bedenklich fand. Er zuckte die Achseln, räusperte sich und sprach sich endlich dahin aus, dem Kranken könne nur durch das Wasser des Lebens geholfen werden. Die böse Wirtschafterin ging nun zum Knaben und trug ihm auf, das Wasser des Lebens zu holen. Sie wußte wohl, mit wie vielen Gefahren und Beschwerden diese Aufgabe verbunden war, und hoffte deshalb, daß der Knabe dabei zugrunde gehen werde.

Der Knabe war guter Dinge und machte sich gleich auf, um in der Ferne das Wasser des Lebens zu suchen. Er ging wieder in den Wald und dort immer weiter gegen Sonnenaufgang. Als er schon eine gute Strecke gegangen war, begegnete ihm wieder der Fuchs und fragte ihn: »Wohin gehst du?«

»Ich muß das Wasser des Lebens holen«, erwiderte der Knabe, »denn der Graf ist sterbenskrank.«

»Da hast du eine halsbrecherische Arbeit«, versetzte der Fuchs. »Doch sei getrost; denn wenn du mir folgst, soll es gut enden.« Der Fuchs ging nun voraus, und der Knabe folgte. Drei lange Tage wanderten sie, ohne ein Wörtchen zu reden, durch den stockfinsteren Wald. Da begann sich endlich das Dickicht zu lichten, und sie sahen vor sich einen Teich. Da sprach der Fuchs: »Dieser ist der Teich des Lebenswassers, daraus mußt du schöpfen. Ein Drache bewacht aber das Wasser, und diesen müssen wir täuschen. Ich werde ihn necken, bis er mich verfolgen wird, und dann mußt du, sobald er mir nacheilt, bereit sein, das Wasser schöpfen und dich flüchten; denn würde er dich erreichen, so wärst du ein Kind des Todes.«

Der Fuchs ging nun wie verabredet voraus und näherte sich dem Drachen, der sich am Gestade sonnte. Sobald die wilde Bestie den Fuchs sah, fuhr sie auf ihn los und verfolgte ihn auf das hitzigste. Der Knabe schlich sich indessen zum Teich, füllte sich den Krug schnell mit Wasser und eilte über Stock und Stein auf der andern Seite davon. Er war noch nicht lange gelaufen, da kam ihm der Fuchs nach und führte ihn aus dem finstern Wald. Wie sie am Ende des Forstes waren, nahm der Fuchs Abschied, sagte jedoch, daß sie sich bald wiedersehen werden. Der Knabe eilte nun auf das Schloß, wo der todkranke Graf schon in den letzten Zügen lag. Er röchelte schon, und seine Augen waren fast gebrochen. Man gab ihm nun vom Lebenswasser ein, und sieh! Kaum hatte er einen Tropfen davon auf die Zunge gebracht, so sprang er gesund aus dem Bett und fühlte sich stärker und besser als jemals.

Der Graf hatte seitdem den Knaben noch lieber und hielt ihn wie seinen Augapfel. Das ärgerte die Schwester der verstorbenen Gräfin noch mehr, und sie beschloß aufs neue, den Knaben zu verderben. Sie schmeichelte ihm mehr als je, liebkoste ihn und gewann ihn ganz. Da sprach sie eines Tages zu ihm: »Wenn du mir die schönste Blume in der Welt holtest, würdest du mir die größte Freude machen, und ich würde dich noch lieber haben als jetzt.« Sie dachte sich aber, wenn ich ihn um die schönste Blume in der Welt schicke, dann weiß Gott, wie weit er gehen wird, und sicherlich wird er nicht mehr zurückkehren. Der Knabe nahm die Rede der Frau für bare Münze, griff zu seinem Stock und machte sich auf, die schönste Blume in der Welt zu suchen. Er ging wieder in den dunklen Wald hinaus, wo der Fuchs schon auf ihn wartete. »Wohin geht heute dein Weg?« fragte er den Knaben. Dieser antwortete: »Ich soll die schönste Blume auf der Welt holen und weiß nicht, wo sie zu finden ist.«

»Da hast du keine leichte Aufgabe«, versetzte der Fuchs, »denn sie ist sehr weit weg von hier. Wenn du sie gewinnen willst, so mußt du dich auf mich setzen, denn sonst würdest du vor Mattigkeit erliegen, ehe du zu der Blume kommst.« Der Knabe ließ sich den Rat nicht zweimal geben, schwang sich auf den Fuchs und ritt so schnell dahin wie auf dem besten Reitpferd. In Eile ging es über Stock und Stein, Distel und Dorn, und die Bäume alle schienen rückwärtszulaufen. Nachdem er lange, lange Zeit im Saus fortgeritten war, kamen sie zu einem gewaltigen Fluß. Da stieg der Knabe ab, hängte sich wieder dem Fuchs an den Schwanz und schwamm so an das jenseitige Ufer wie schon einmal. Dann ging es wieder querfeldein, bis man zu einem zweiten Fluß kam, da stieg der Knabe wieder ab, hängte sich dem Fuchs an den Schwanz und schwamm an das jenseitige Ufer. Als sie dort angekommen waren, ging es wieder querfeldein, bis sie zu einem dritten Fluß kamen, der viel breiter und tiefer als die zwei früheren war. Er stieg wieder ab und setzte über das Wasser wie früher. Als sie wieder das jenseitige Ufer erreicht hatten, kamen sie zu einem Baum, der sehr hoch und schön war. An ihm hingen drei Blumen, die in schönster Blüte standen und so schön waren, daß man sich nichts Schöneres denken kann. Wie der Knabe, ganz geblendet von der Pracht der Blumen, dastand und sie in einem fort angaffte, sprach der Fuchs: »Siehst du, wir sind nun an der Stelle. An diesem Baum sind die schönsten Blumen der Welt. Steige nun hinauf und hole dir eine herunter. Nimm aber nicht die größte und schönste, denn ihre Blätter würden bald abfallen; auch nimm nicht die kleinste, denn diese würde bald verwelken.« Der Knabe kletterte nun rasch den Baum empor und pflückte die Blume, die ihm bezeichnet war. Froh stieg er dann vom Baum und trat den Rückweg an. Das war ein saueres Stück Arbeit. Es mußten wieder die drei großen, breiten Flüße durchschwommen und der lange beschwerliche Ritt über Stock und Stein gemacht werden. Der Knabe war aber desungeachtet guter Laune, denn er brauchte nur die prächtigste Blume anzublicken, und es lachte ihm das Herz im Leibe. Nachdem er sieben Tage geschwommen und geritten war, kamen sie endlich an das Ende des Waldes zurück. Da stieg der Knabe ab, dankte dem guten Tier und nahm von ihm Abschied. Der Fuchs sprach auch ein Lebewohl, sagte, daß sie sich in kurzer Zeit wiedersehen werden, und verschwand im Wald.

Der Knabe lief nun hurtig und eilte auf das Schloß, daß der helle Schweiß ihm über die Wangen rann. Jubelnd sprang er zu der Frau und brachte ihr die schönste Blume von der Welt. Diese hatte aber keinen kleinen Schrecken, als der Bub heil und gesund zurückkam. Eine desto größere Freude hatte aber der Graf, als er den so herzlich geliebten, guten Knaben, den er schon verloren glaubte, wiedersah. Er herzte und küßte ihn und ließ ihm zu essen und zu trinken bringen, was der Tisch nur zu tragen vermochte. Als der Knabe sich gestärkt und ausgeruht hatte, da führte ihn der Graf mit sich auf sein Zimmer, nahm ihn dann bei der Hand und sprach zu ihm: »Du bist mein größter Wohltäter, denn du hast mir das Leben gerettet. Ich will nicht undankbar sein und dir deine Tat gräflich belohnen. Wenn du mir noch ein Rätsel, das ich dir geben werde, lösen kannst, so werde ich dich zu meinem Erben einsetzen und deine Schwester zu meiner Frau machen.«

Als der Phönix, der in einem gar prächtigen Vogelhause sich im Zimmer befand, dies hörte, fing er zu singen an:

> »Gib nur dem Sohn das Gut,
> Doch heirat' nicht dein eignes Blut!«

Der Gesang des Phönix wurde aber nicht beachtet, und der Knabe verlangte, die Aufgabe zu hören. Als der Junge auf seinem Begehren bestand und nicht nachgab, sprach der Graf: »Binnen drei Tagen sollst du mir sagen, warum ich so traurig bin.«

Die Frage kam zu unerwartet, und der Knabe wußte sich keinen Rat. Zwei Tage lang sann er umsonst auf die Lösung dieser Frage und konnte keine Antwort finden. Als er keinen Rat wußte, erinnerte er sich an den Fuchs und lief alsbald in den Wald hinaus. Er war noch nicht weit gegangen, als ihm der Fuchs begegnete. Er grüßte ihn und legte ihm das Rätsel, so ihm der Graf aufgegeben, vor.

Darauf antwortete der Fuchs: »Sage dem Grafen, ihn macht die Sorge, daß er seine Frau zu voreilig verurteilt hat, so schwermütig.« Dann nahm er von dem Knaben Abschied, legte die Vorderfüße auf dessen Schultern, beleckte ihm den Mund und bat ihn, recht bald wiederzukommen. Der Knabe versprach ihm dieses hoch und teuer, und dann trabte das Tier in den Wald zurück.

Der Knabe eilte auf das Schloß zurück und lief stracks zu dem Grafen. »Kannst du nun dein Rätsel lösen?« forschte der Graf.

»Ja«, antwortete der Knabe. »Die Sorge, daß Ihr die Frau

zu voreilig verurteilt habt, macht Euch so trüb und schwermütig.«

Als der Graf dies gehört hatte, fühlte er tief, daß der Knabe die reinste Wahrheit gesagt hatte, und sprach zu ihm: »Du hast recht und bist ein so kluges Kind, daß man keines deinesgleichen finden kann. Du sollst deshalb mein Erbe sein, und deine Schwester will ich als meine Braut zum Altar führen.« Der Phönix war wieder im Zimmer und hörte diese Worte. Da begann er wieder zu singen:

> »Gib nur dem Sohn das Gut,
> Doch heirat' nicht dein eignes Blut!«

Wie der Graf dies hörte, war er nicht wenig überrascht, denn es schien ihm recht absonderlich, daß ein Vogel sprechen konnte. Er staunte noch lange und fragte endlich den Knaben, wie er zu diesem Wundervogel gekommen sei. Dieser erzählte ihm, wie er auf Befehl der Schloßfrau den Vogel habe holen müssen und welche Abenteuer er auf dieser Fahrt bestanden hatte. Da kam dem Grafen dies alles und die Rede des Vogels so wunderlich vor, daß er auf der Stelle seine Schwägerin zu sich kommen ließ und ihr den Vorgang mit dem Vogel erzählte. Als sie die Reime, die der Phönix gesungen hatte, hörte, war sie sehr betroffen und wurde bald rot wie Glut, bald bleich wie Wachs. Sie glaubte, ihre Frevel seien entdeckt, fiel vor dem Grafen auf die Knie und bekannte ihm alles, was sie verschuldet hatte.

Es schien nun sonnenklar, daß der Knabe und das Mädchen die Kinder des Grafen waren. Dieser umarmte seine wiedergefundenen Lieben, drückte sie an seine Brust, küßte und liebkoste sie. Dabei weinte er so sehr vor Freuden, daß eine Träne die andere schlug.

Nachdem die erste Freude des Wiedersehens vorüber war, ging der Graf ernst und feierlich auf seine Schwägerin zu und sprach das Todesurteil über sie aus, das auch alsbald vollzogen wurde.

Der Graf und seine Kinder lebten nun glücklich beisammen. Da gedachte eines Tages der junge Graf wieder des Fuchses, dem er all sein Glück zu verdanken hatte. Er nahm nun Hut und Geschoß und ging in den Wald, um dort seinen Wohltäter aufzusuchen. Er war noch nicht lange gegangen, als ihm der Fuchs schon entgegenkam, ihm die Hände leckte und recht freundlich tat. Der Fuchs ging wieder als Wegweiser voraus, und der junge Graf folgte ihm. Es ging weit, weit in den Wald hinein, bis sie zu einer schönen grasgrünen Wiese kamen. Da machte der Fuchs plötzlich halt und sprach mit bittender Stimme: »Ich habe dir schon viel Gutes erwiesen, nun tue auch mir etwas zu Dank.«

Wie der junge Graf dies hörte, war er gleich bereit, alles, sei es auch noch so schwer, für seinen Wohltäter zu tun, und fragte ihn, was er wolle.

Da antwortete der Fuchs: »Ich bitte dich bei allem, was dir heilig ist, schlage mich tot!«

Der Graf war über diese unerwartete Rede sehr betroffen und sprach: »Wie sollte ich das tun und dich, dem ich alles verdanke, töten können?«

Der Fuchs stand aber von seinem Begehren nicht ab und bat inständig, er möchte ihn doch erschlagen. Da konnte der Grafensohn nicht länger den Bitten widerstehen, nahm sich ein Herz, ergriff in Gottes Namen einen Prügel und versetzte mit abgewandtem Gesicht dem Tier einen Schlag auf den Kopf.

Kaum hatte er dies getan, so hörte er einen Freudenschrei, und als er sich umsah, erblickte er eine bildschöne Frau vor sich. Sie eilte mit offenen Armen auf ihn zu, umarmte, küßte und herzte ihn, daß es eine Lust war. Wie er dastand und nicht wußte, wie ihm geschah, und er große Augen machte, öffnete sie den Mund und sprach: »Lieber Sohn, wie sollte ich dir genug meinen Dank und meine Freude ausdrücken können! Du bist es ja, der mich von der Verwünschung meiner bösen Schwester befreit hat.«

Dem jungen Grafen war nun alles klar, und als er seine erlöste Mutter vor sich sah, kannte er kein Maß des Glükkes mehr, er weinte vor Freude, und in seinem Herzen schlug und pochte es wie in einer Schmiede. Nachdem die erste Freude vorüber war, dachten sie erst an die Ihrigen. Froh eilten sie dann auf das Schloß, wo sie den Grafen und die Grafentochter im Garten fanden. Da hättest du die Freude sehen sollen, als der edle Herr seine totgeglaubte schöne Frau wiedersah und in seine Arme schloß!

Da gab es nun ein Fest, wie seit Menschengedenken keines gefeiert worden ist.

Seitdem lebte die Grafenfamilie glücklich beisammen, teilte Freude und Wohl, bis sie der Tod nach langer, langer Zeit schied.

Die drei Schwestern

Es waren einmal drei Schwestern in einer Stadt. Zwei waren sehr stolz und hochfahrend, die Jüngste war aber ein braves, stilles, bescheidenes Mädchen, das gerade deswegen von den zwei älteren Schwestern verachtet und gehaßt wurde. Das arme Kind hatte bei den zwei Obenhinaus ein schlimmes Leben, es mußte alle Arbeiten verrichten, die den zwei anderen zu gemein waren, und wurde auf jede Weise »herumgepudelt« und geneckt. War irgendwo ein Ball oder eine andere Unterhaltung, so gingen die zwei in ihrem Putz und Staat dahin, und die Jüngste mußte indessen das Haus hüten, die Zimmer kehren, die Küche scheuern und die schwersten Arbeiten verrichten.

Da war denn auch einmal ein großer, prächtiger Ball, den der König gab, und der alles, was man bisher Derartiges gesehen, übertreffen sollte. Die Geladenen strömten von ferne und nah zum Königsschloß, um dem Fest beizuwohnen, und auch die zwei Schwestern wollten es besuchen und schmückten sich mit aller erdenklichen Sorgfalt. Die dritte, die arme Magd, hätte wohl auch gern die Herrlichkeit im Königsschloß sehen mögen; allein alles Bitten und Flehen war vergebens. Die zwei Schwestern verließen im schönsten Putz das Haus, und das arme, verachtete Mädchen mußte im dünnen Werktagskleidchen daheim sitzen und arbeiten.

Wie sie nun so traurig und verstimmt ihre Arbeit tat, kam plötzlich ein Engel vom Himmel, lächelte die arme verachtete und zurückgestoßene Jungfrau an und gab ihr ein Sonnenkleid und allerlei Geschmeide, das aus schönstem

Gold und den glänzendsten Edelsteinen verfertigt war. Das schüchterne Kind wußte nichts zu sagen und zu tun, denn es schämte sich vor dem Engel.

Der himmlische Bote begann aber, nachdem er eine Zeitlang das unschuldige Mädchen mit Wohlgefallen betrachtet hatte, also: »Kleide dich gleich an, Else, und gehe hin, wo deine Schwestern sind. Sobald aber der Morgen graut und der Tanz endet, eile nach Hause und kleide dich um, damit niemand merkt, daß du im Königsschloß gewesen bist.«

»Aber meine Arbeit!« sprach nachdenkend das Mädchen, das inzwischen wieder Mut gewonnen hatte.

»Kümmere dich nicht darum, der das Sonnenkleid dir aus dem Himmel herabgebracht hat, wird auch für die Arbeit sorgen«, erwiderte der glänzende Engel.

Else folgte nun mit der größten Freude den Worten des Engels, tat das Sonnenkleid und das kostbare Geschmeide an und ging in die Königsburg. Wie sie im Saal erschien, waren aller Augen auf sie gerichtet, denn sie war die Schönste unter allen. Der König selbst nahm sie beim Arm und tanzte mit ihr, und weil es die beste Tänzerin war, tanzte er mit keiner anderen mehr. So ging es die ganze Nacht durch. Else tanzte mit dem König und wurde von allen bewundert und von vielen beneidet, von niemandem aber erkannt.

Als der Ball zu Ende ging und durch die großen gotischen Langfenster des Saales schon der Morgen hereindämmerte, eilte die schöne Unbekannte plötzlich fort, und niemand wußte, wohin.

Else zog ihr Kleid und ihr Geschmeide ab, und wie sie es abgelegt hatte, waren Schmuck und Kleid verschwunden. Sie wollte sich nun an die Arbeit machen, allein, wie staunte sie, als sie ihre Arbeit ganz und gar besorgt fand.

Nach einer Stunde kamen auch die Schwestern und erzählten von der Pracht des Balles, daß Elsen hätte der

Mund vor Lust und Neugierde wässern müssen, wenn sie nicht selbst dabeigewesen wäre. Sie erzählten auch, wie eine schöne unbekannte Dame gekommen sei und sich durch ihre Liebenswürdigkeit, durch ihre Kleidung und ihren Tanz so ausgezeichnet habe, daß der König mit keiner andern mehr tanzen mochte. Else lachte im Herzen zu dieser Redseligkeit der Schwestern und ließ von ihrem Dabeisein nicht im mindesten etwas merken.

Der König hatte aber seit diesem Ball keine ruhige Stunde mehr. Die schöne Tänzerin hatte sein Herz mitgenommen, und er wußte nicht, wer und wo sie sei. Als er so nachdachte, wie er von ihr Kunde erhalten könnte, kam er auf den Gedanken, wieder einen Ball zu veranstalten. »Vielleicht«, dachte er, »erscheint die Unbekannte wieder.«

Er veranstaltete nun wieder einen Ball, der viel glänzender als der frühere werden sollte, und lud dazu aus fern und nah alle Edlen ein.

Die beiden Schwestern putzten und schmückten sich wieder zum Tanz und gingen auf das Schloß des Königs. Die arme Else mußte aber wieder zu Hause sitzen und ihre Arbeit tun.

Wie sie so traurig dasaß und für ihre Schwestern Strümpfe stopfte, erschien wieder der Engel und brachte der Verachteten ein Mondkleid und herrliches Geschmeide. Else dankte dafür, zog sich an und ging auf des Königs Schloß.

Als sie in den Saal eintrat, erstaunten alle ob ihrer Schönheit, und der König verhüpfte fast vor Lieb' und Freude. Er ging gleich auf sie zu, hieß sie willkommen und tanzte mit der schönen Prinzessin, wie man sie nannte, die ganze Nacht. Heute gefiel sie ihm noch besser als das vorige Mal, denn das blaßgelbe Mondkleid stand dem bescheidenen Kind gar so schön.

Als aber der Tanz zu Ende ging und im Tal schon der Morgen graute, war die Geliebte des Königs plötzlich verschwunden, und niemand wußte, wohin.

Else war aber nach Hause geeilt, zog das Kleid aus, und als die zwei Schwestern nachkamen und von der schönen Dame im Mondkleid erzählten, saß die schon in ihrem grauen Werktagskleidchen bei ihrer Arbeit.

Der König hatte nach diesem zweiten Ball noch weniger Ruhe als nach dem ersten und konnte selbst nachts nicht schlafen, denn die wunderschöne Tänzerin stand bei Tag und Nacht vor seinem Geiste. Er wußte kein anderes Mittel, um sie wiederzusehen, als einen Ball zu veranstalten. »Diesmal soll mir der Vogel nicht aus der Schlinge kommen«, dachte er bei sich, »ich will ihm den Namen und den Stand schon herauslocken.«

Er veranstaltete also wieder ein Fest, das an Pracht und Herrlichkeit alle früheren Hochzeiten verdunkeln sollte. Aus nah und fern eilten die Gäste herbei und strömten durch das reichbekränzte Schloßtor in den prächtig geschmückten Burgsaal, der so beleuchtet war, daß es darin heller als bei Tage war.

Die zwei Schwestern gingen wieder geschmückt auf das Schloß des Königs, die verachtete Else mußte aber zu Hause bleiben und arbeiten.

Wie sie so traurig und sinnend dasaß, kam abermals der Engel und brachte ihr ein Sternenkleid und einen Beutel voll Geld, damit sie es, wenn ihr Diener des Königs folgen würden, auswerfen könnte. Sie dankte, zog das Sternenkleid an, nahm das Geld zu sich und eilte dem Tanzsaal zu, aus dem ihr ein Strahlenmeer und die herrlichste Musik entgegenströmte. Wie sie auf der Schwelle des Saales erschien, eilte ihr der König schon entgegen und hieß sie willkommen. Er führte sie zum Thron und dort mußte sie sich neben ihn setzen, und er stelle ihr allerlei verfängliche Fragen, um ihr den Namen und den Wohnort zu entlocken. Else war aber viel zu klug und gab dem König solche Antworten, daß er am Ende beinahe noch weniger wußte als anfangs. Als die Musik zu einem neuen Reigen lud, nahm der König die Fremde im Sternenkleid an die Rechte und tanzte mit ihr, daß alle über das schöne Paar und die Leichtigkeit, mit der sie den Reigen schlangen, staunten. Der König konnte sich an der fremden Prinzeß nicht satt sehen, denn so schön, wie in dem Sternenkleid, war sie noch nie gewesen, und es schwoll sein Herz vor Liebe und Sehnsucht.

Sooft ein neuer Reigen begann, schwebte das schöne Paar voran, und schwieg die Musik, so mußte Else neben dem König sitzen, dessen Fragen sie aber immer klug auswich. So wechselte es die ganze Nacht durch, bis der Morgenwind in den Baumzweigen draußen spielte und an die Fenster klopfte. Als der letzte Tanz geschlungen wurde, wollte Else zur Doppeltür hinaus und nach Hause eilen; allein kaum hatte sie den Saal verlassen, so eilten ihr schon auf den Wink des Königs die Diener nach, um ihre Fährte zu verfolgen. Else langte nun nach den Geldstücken und warf sie aus, und da stürzten die Diener auf das Geld und folgten der Frau im Sternenkleid nicht länger. Nur einer ließ sich durch das Geld nicht irre machen und wollte die Wohnung der Prinzeß entdecken, möge es kosten, was es wolle. Da wußte sich Else nicht anders mehr zu helfen und ließ im Laufen einen ihrer goldenen Schuhe zurück, denn sie dachte, vielleicht findet er es der Mühe wert, den Schuh aufzuheben, und indessen enthusche ich und komme in die Heimat.

Kaum hatte der Diener den goldenen Schuh bemerkt, bückte er sich und hob die schimmernde Fußbekleidung auf. Voll Freude über diesen unerwarteten Fund eilte er wie im Triumph in die Burg zurück und brachte dem König die seltene Gabe.

Der König lächelte, als er den Schuh sah, und meinte, wenn nun erst der Schuh da sei, werde sich die Trägerin desselben schon finden lassen. Er gab dem Diener den Schuh wieder zurück und sandte ihn in der ganzen Stadt herum mit dem Geheiß, er solle jedem Mädchen den Schuh anmessen und wenn einem der Schuh anpassen würde, so sollte man sie als die Königin des Balles ansehen und in die Burg führen.

Der Diener ging nun, dem Auftrag des Königs gemäß, Stadt auf, Stadt ab, Haus ein, Haus aus und maß und maß die Füße aller Schönen, konnte aber lange keine finden, welcher der goldene Schuh paßte. Endlich kam er auch in das Haus der drei Schwestern. Die beiden älteren hatten die größte Freude und dachten, wir lassen den Schuh nicht mehr weg. Soll der Schuh nicht dem Fuße anpassen, so wird der Fuß dem Schuh nachgeben müssen.

Kaum war der Diener in das Zimmer getreten und hatte seinen Auftrag entrichtet, nahm die Älteste den Schuh und ging damit in das Nebenzimmer. Wie sie aber den Schuh besichtigte, sah sie zu ihrem größten Verdruß, daß er für ihren Fuß zu klein war. »Ha, dem läßt sich schon helfen«, dachte sie, nahm das Messer und schnitt sich drei Zehen fort. Nun legte sie den Schuh an, und obwohl ihr der Schmerz das Wasser in die Augen trieb, ging sie doch scheinbar wohlgemut in die Stube. Der Diener hatte die größte Freude, daß er die Gesuchte endlich gefunden hätte, und bat sie, gleich zum König aufs Schloß zu kommen.

Sie willfuhr mit größter Freude dieser Bitte und ging stolz und triumphierend durch die Stadt, und der Diener folgte ihr in bescheidener Entfernung. Sie hatte schon ein gut Stück des Weges zurückgelegt, als sie auf den Stadtplatz kam. Dort saß aber auf der alten Linde, unter der die Altvordern tagten, ein rotes Vögelein und sang:

»Königin Eisenhut,
Der Schuh ist voller Blut.«

Wie dies der Diener hörte, schaute er dem Fräulein auf die Füße und sah das Blut aus dem goldenen Schuh quellen.

»Du bist nicht der rechte Vogel«, dachte er und hieß sie wieder nach Hause zurückkehren, wohin er sie auch begleitete. Dort nahm er der Falschen den goldenen Schuh, reinigte ihn vom Blut und gab ihn dann der Zweiten. Diese nahm ihn und ging damit auf ihr Zimmer. Als sie ihn aber anziehen wollte, da sah sie, daß er für ihren Fuß zu groß war. »Lieber zu groß als zu klein«, dachte sie sich, nahm alte Lappen und stopfte so viele hinein, daß ihr der Schuh fest ansaß. Als sie in das Zimmer trat, hatte der Diener die größte Freude, denn er wähnte, die Gesuchte gefunden zu haben. Sie gingen nun aus dem Haus und eilten der königlichen Burg zu. Als sie aber über den Stadtplatz gingen, saß wieder das rote Vögelchen auf einem Lindenzweig und sang:

»Königin Eisenschnuder,
Der Schuh ist voller Huder.«

Da blickte der Diener der Vorausstolzierenden auf die Füße und sah, wie ein Lumpen aus dem Schuh emporstieg. »Du bist auch nicht der rechte Vogel«, dachte er bei sich und hieß die Falsche wieder umkehren und begleitete sie in ihr Haus zurück.
Nun war nur mehr Else übrig. Der königliche Diener wollte ihr den Schuh geben, damit sie ihn anprobieren möchte, allein die zwei älteren Schwestern wollten es durchaus nicht zulassen und schmähten und schimpften das arme Kind wie einen Wechselbalg. Der Diener ließ sich dadurch nicht im mindesten irre machen, und Else mußte den goldenen Schuh anmessen. Und siehe da, ihr Füßchen schlüpfte hinein, so leicht und frisch, wie ein Pfeifer ins Wirtshaus, und der Schuh paßte ihr wie angegossen. »Das ist die Rechte«, dachte sich der Diener und wollte Else mit sich auf die Burg nehmen, allein Else hatte ein gar so armes Kleidchen an und mußte sich deshalb zuvor umkleiden. Als sie ihr Festtagskleid angezogen, da gingen sie nun

durch die Stadt auf die Burg zu, Else voraus, der Diener drei Schritte hintendrein. Sie kamen auf ihrem Weg auch auf den Stadtplatz und zur alten Linde, da sang das rote Vögelein auf einem Lindenzweig fröhlich:

>»Königin Eisenknecht,
Der Schuh geht eben recht.«

Als sie auf das Schloß kamen, eilte der König ihnen schon entgegen und hieß sie willkommen, denn kaum hatte er von ferne Else gesehen, so hatte er sie schon als seine Tänzerin im Sternenkleid erkannt. Er war fast außer sich vor Freude und ließ am folgenden Tag ein großes Fest feiern. Und wie alle im hohen Saal saßen und guter Dinge waren, trat ein Herold auf und gebot Schweigen, und als alles still war, stand der König auf und erklärte die schöne Else zu seiner Königin. Es folgten dann Paukenwirbel und Trompetenstöße, und als die Nacht folgte, wurde der Tanz begonnen und dauerte bis morgens.
Die verachtete Else war nun Königin und lebte mit dem König recht lange vergnügt und glücklich. Und diese Geschichte ist buchstäblich wahr, denn der sie erzählte, hat den Mund noch warm.

Mädchen und Bübchen

Es lebte einmal nahe bei einem dichten Wald ein Holzfäller, der hatte ein böses Weib und zwei nette Kindlein:
ein Mädchen und ein Bübchen. Der Holzfäller war aber
sehr arm und hatte kaum Brot genug, um sich und den
Seinigen den Hunger zu stillen. Eines Tages war der Vater
wieder in den Wald gegangen, und die böse Mutter war
allein in der niedrigen Hütte zurückgeblieben. Da sagte
die böse Mutter zu den Kindern: »Nun geht hinaus in den
Wald Holz sammeln, und wer zuerst von euch nach Hause
kommt, bekommt einen recht schönen Apfel.«
Mädchen und Bübchen sind nun in den Wald hinaus-
gegangen, um Holz zu sammeln, und eilten sich, bis sie
zwei Bündelchen Reisig beisammenhatten. Und als sie das
Holz beisammenhatten, gingen sie raschen Schrittes nach
Haus. Aber je näher sie der Hütte kamen, desto seltsamer
wurde ihnen zumute, und es war ihnen gerade, als ob ein
Stein auf ihren Herzchen lastete. Während des Gehens
brach dem Bübchen das Achselband, und da bat es das
Schwesterchen: »Warte auf mich, mir ist das Achselband
gebrochen und ich muß es zusammenbinden.«
Das Mädchen dachte aber an den schönen Apfel, den ihr
die Mutter versprochen hatte, und eilte voraus. Kaum war
aber das Mädchen ein Strecke Weges gegangen, da brach
auch ihm das Achselband, und der Knabe kam ihm nach-
gelaufen und keuchte unter der schweren Holzbürde. Das
Mädchen bat ihn nun: »Warte auf mich, mein Achselband
ist gebrochen; ich muß es mir zusammenbinden.« Das
Bübchen hatte aber keine Ohren für das Bitten seines

Schwesterleins und erwiderte: »Du hast auf mich auch nicht gewartet; jetzt bekomme ich den Apfel.«

Der Knabe lief und lief und kam endlich nach Hause und bat die Mutter um den versprochenen Apfel und warf das Bündel Holz in die leere Küche hinein.

»Gehe nur hinauf in die Kammer, dort sind die Äpfel in der Truhe, davon kannst du dir drei heraussuchen«, sprach die Mutter. Das Büblein wollte mit diesem Bescheid nicht zufrieden sein und bat die Mutter, es möchte doch sie die Äpfel heraussuchen und ihm geben, wie andere Male.

Die Mutter gab endlich den Bitten des Bübchens nach, und sie gingen nun beide in die Kammer und zur Truhe, in der die Äpfel waren. Der Knabe war voll Freude und konnte sich an den Äpfeln, die da lagen, nicht satt sehen, patschte in die Händlein und bückte sich in die Truhe hinein, um sich die Äpfel herauszuholen. Wie er freudig so hineinsah, schlug die böse Mutter plötzlich den Deckel zu, daß der Kopf des armen Bübchens in die Tiefe der Truhe hineinkugelte, der Leib aber auf dem Boden regungs- und leblos dalag. Die böse Mutter nahm den Leichnam und hängte ihn hinter der Kammertür auf einen Nagel. Indessen war das Mädchen, das sich das zerbrochene Achselband zurechtgerichtet hatte, mit seinem Holzbündel gekommen, leerte diesen in der Küche ab und bat die Mutter auch um einen Apfel. Die Mutter war sehr freundlich, nickte ihr zu und gab ihr einen roten Apfel. Das Mädchen biß in den Apfel, und die Mutter ging zum Herd, um für den Vater, der im Wald Holz fällte, das Mittagessen zu bereiten. »Gehe in die Kammer hinauf und hole mir Mehl und Schmalz«, sagte die Mutter zu dem Mädchen, »schaue aber ja nicht hinter die Türe.«

Das arme Schwesterchen ging nun in die Kammer hinauf und schaute doch hinter die Tür und da sah es sein armes, totes Brüderchen hängen. Das Mädchen weinte nun so bitter, daß es hätte einen Stein erbarmen mögen und Tränen auf den Boden tropften. Endlich mußte es doch zur Mutter hinunter und brachte ihr weinend das verlangte Mehl und das Schmalz. »Hast du auch nicht hinter die Tür geschaut?« fragte die böse Mutter das weinende Mädchen.

»O nein«, erwiderte das arme Kind und weinte noch heftiger und hielt sich das blaue, zerlumpte Fürtuch vors Gesicht.

Die Mutter war mit der Antwort zufrieden und schickte das schluchzende Kind mit dem Mittagessen für den Vater hinaus in den dunklen Wald. Das Mädchen hatte heute keine Freude an den Eichkätzchen, die auf den Fichten herumkletterten und ihre Männchen machten, noch an den Tannzapfen und Feldblumen, sondern ging still und weinend seiner Wege. Endlich kam es zum Vater und dieser nahm die Suppenschüssel hastig, denn er hatte großen Hunger. Er war aber ganz erstaunt, als er heute Fleisch in der Suppe sah, denn er hatte seit langer Zeit kein Stückchen mehr gesehen, noch viel weniger in den Mund gebracht. Er setzte sich unter eine große, schöne Buche und begann zu essen. Er hatte aber gerade das erste Stückchen Fleisch auf dem beinernen Löffel und wollte es zum Munde führen, als ein Vögelchen auf dem Baume zu singen anfing:

> Zwie zwei, meine Muter ist a znichts Weib,
> Meine Mutter hat mich abg'schlagen,
> Meine Schwester hat mich 'nausg'tragen,
> Mein Vater hat die Beinlein abg'nagen,
> Zwie zwei, meine Mutter ist a znichts Weib.

Dem Holzfäller kam alles so wunderlich vor, und das Vögelein ließ ihm keine Ruhe und sang und sang immer aufs neue:

> Zwie zwei, meine Mutter ist a znichts Weib,
> Meine Mutter hat mich abg'schlagen,
> Meine Schwester hat mich 'nausg'tragen,
> Mein Vater hat die Beinlein abg'nagen,
> Zwie zwei, meine Mutter ist a znichts Weib.

Da wurde es dem Vater immer unheimlicher, so daß ihn selbst das Rascheln der Blätter erschreckte, und er ging mit dem armen Mädchen, das recht traurig war und kein Wort redete, nach Hause.
Unterdessen war die böse Mutter vollauf beschäftigt, den toten Knaben zu verbergen und zu verpacken; allein da kamen viele, viele Vögelchen, flatterten um sie herum, ließen ihr keine Ruhe und sangen in gar wehmütigem Ton:

> Zwie zwei, meine Muter ist a znichts Weib,
> Meine Mutter hat mich abg'schlagen,
> Meine Schwester hat mich 'nausg'tragen,
> Mein Vater hat die Beinlein abg'nagen,
> Zwie zwei, meine Mutter ist a znichts Weib.

Sie wollte nun die unschuldigen Tierlein verjagen, wie sie aber dieselben durch die Stubentür hinausscheuchte und ihnen nacheilte, fiel die schwere Stubentür zu und schlug der bösen Mutter den Kopf entzwei. Der Vater kam nach Hause, darin war alles stille und stille, nur die Vögel sangen:

> Zwie zwei, meine Mutter ist a znichts Weib,
> Meine Mutter hat mich abg'schlagen,
> Meine Schwester hat mich 'nausg'tragen,
> Mein Vater hat die Beinlein abg'nagen,
> Zwie zwei, meine Mutter ist a znichts Weib.

Der Vater ging nun die Stiege hinauf und in die Stube, und wie er die Tür öffnete, fand er sein böses Weib und sein armes Söhnchen tot auf dem Boden liegen.

Und das Märlein ist aus,
Drum geht nun nach Haus!
Oder soll ich euch noch was erzählen
Von den Erbsen und den Fisälen?

Die zwei Hafner

Zwei Hafner waren mitsammen auf der Wanderschaft. Da traf es sich einmal, daß sie beim Einbruch der Nacht noch im Wald waren und daran denken mußten, hier zu übernachten. Es ging aber die Rede von diesem Wald, daß darin Hexen hausten und auf einem hohlen Baum ihre nächtlichen Zusammenkünfte hielten.

An diesen hohlen Baum kamen die zwei Hafner, und der eine von ihnen sagte, darin wolle er über Nacht bleiben. »Sei doch klug«, sagte der andere, »weißt du denn nicht, daß die Heren hier zusammenkommen und schon manchen, der sie in dem hohlen Baum belauschen wollte, herausgezogen und jämmerlich zerrissen haben.«

»Das weiß ich wohl«, sagte der erste, »aber das schreckt unsereinen nicht ab. Ich übernachte in dem hohlen Baum, und damit punktum.« Der andere redete ihm noch eine Weile zu, wie aber alles nichts half, mußte er sich entschließen, allein weiterzugehen, und hieß seinen Kameraden wohlleben. Dieser blieb bei dem Baum, suchte sich nassen Lehm und bildete daraus einen Mann. Wie er damit fertig war, trug er denselben zu dem Baum. Dann kroch er in die Höhlung hinein, stellte den Lehmmann vor sich hin, er selbst aber hockte dahinter und wartete auf die Hexen.

Um Mitternacht hob ein heftiges Geräusch an und fuhr durch die Bäume hin und her. Das kam von den Hexen, welche auf ihren Besen in der Luft umherritten und sich endlich auf dem hohlen Baum niederließen. Hier machten sie eine Musik, die dem Hafner durch Mark und Bein ging, und als die Musik fertig war, fingen sie an, einander allerlei abenteuerliche Geschichten zu erzählen. Wie sie eine Weile geplaudert hatten, sagte eine: »Ich weiß etwas.« Sprach die zweite: »Ich versteh' etwas.« Sprach die dritte: »Ich spür' etwas.«

»Was weißt du denn?« fragten sie die erste. »Ich weiß, daß in diesem Augenblick die Königstochter von einer Schlange gebissen worden ist und daß es nur ein Mittel gibt, welches sie heilen kann.«

»Was verstehst du?« fragten sie die zweite. »Das Mittel, das sie heilen kann, verstehe ich. Wenn man ihr Pferdemist auf die Wunde legt, so wird sie genesen.«

»Und was spürst du?« fragten sie die dritte. »Ich spüre, in unserem Baum steckt ein Mensch.« Darauf fuhren alle drei vom Baum herab, schossen in die Höhlung hinein und rissen den Lehmmann mit sich heraus. In einem Nu hatten sie ihn in tausend Stücke zerrissen, und mit wüstem Jubelgeschrei fuhren sie durch die Lüfte davon.

Der Hafner war froh, daß das Spektakel vorbei war, und kroch aus dem Baum heraus. Er ging seines Weges weiter, bis er in die Königsstadt kam. Hier ließ er sich bei dem König melden und trug ihm seine ärztliche Hilfe an. Der König war froh über den Antrag des Fremden, und er versprach ihm die Prinzessin zur Frau zu geben, wenn sie durch ihn vom Biß der Schlange geheilt würde. Der Hafner nahm Pferdemist, legte ihn auf die Wunde, und in wenigen Tagen war die Königstochter frisch und gesund. Dann wurde die Hochzeit mit großer Pracht gefeiert, und nach dem Tod des Königs bekam der Hafner auch Krone und Zepter und die Macht über alle Lande, die der alte König regiert hatte.

Tag um Tag verging, und es trug sich zu, daß der andere Hafner zum König kam, um von ihm etwas zu betteln. Aber kaum hatten sich die zwei Kameraden gesehen, so erkannte einer den anderen. Der Arme war sehr neugierig zu wissen, wie sein Reisegefährte zu solchem Reichtum und solchen Ehren gelangt war. Der König verheimlichte ihm nichts, sondern erzählte ihm treu und offen, was sich bei dem hohlen Baume begeben und wie er des Königs Tochter zur Frau bekommen hatte.

Der arme Teufel machte sich auf, ging zu dem hohlen Baum und machte es gerade so, wie es sein Kamerad angestellt hatte. Er stellte einen Lehmmann vor sich und wartete auf die Hexen. Diese aber waren gewitzigt worden, und wie sie zum Baum fuhren und merkten, daß jemand darinnen sei, so ließen sie den Lehmmann in Ruhe, über den Hafner aber fielen sie her und zerrissen ihn in tausend Stücke.

Hennenpfösl

Es ist schon lange her, da lebte einmal in einem prachtvollen Schloß ein Graf mit seiner Frau und mehreren Kindern. Die Kinder waren den Eltern so recht ans Herz gewachsen und bekamen alles, was sie nur wünschten. Nur die jüngste Tochter, die weit schöner war als alle ihre Schwestern, konnten der Graf und die Gräfin nicht ausstehen und taten ihr Leides an, wo sie nur konnten. Das tat ihr nun recht wehe in ihrem Herzen, und sie weinte bei Nacht die hellen Tränen auf ihr Bettlein. Wenn sie dann in der Frühe mit verweinten Augen vor ihren bösen Eltern erschien, bekam sie Scheltworte und Schläge die schwere Menge. Das verdroß endlich das Mädchen so sehr, daß es beschloß, die Heimat zu verlassen und bei fremden Leuten eine Unterkunft zu suchen. »Schlechter«, dachte es sich, »kann es mir nimmermehr gehen, als hier bei meinen Eltern, denn weniger liebhaben kann mich niemand als Vater und Mutter!«

Es ging also zu seinem Schrank, packte sich drei schöne Kleider in sein Bündel, ein grünes, ein rotes und ein weißes, legte sich ein kostbares Gewand an, und so machte es sich eiligst aus dem Staub.

Es war ihm recht wohl, als es einmal die unliebe Heimat eine gute Strecke hinter sich sah, und immer froher und flinker ging es seines Weges. Bald kam ein Bauernweib daher, das hatte ärmliche Kleider an, die alt und zerlumpt aussahen. »Wollt ihr nicht mit mir Gewand tauschen?« redete die Grafentochter das Bauernweib an. Dieses meinte, das schöne Mädchen sei leichtsinnig und wolle nur arme

Leute zum besten haben, schaute ihm daher ernst ins Angesicht und wollte frisch weitergehen. Die Grafentochter
aber beteuerte, daß es ihr voller Ernst sei, und da schlug
das Bauernweib keinen Handel mehr aus, sondern gab
seine Kleider her und legte sich das herrliche Gewand des
schönen Mädchens an. Dieses hüllte sich nun in die ärmlichen Kleider des Bauernweibes und ging vergnügt weiter.
Es dauerte nicht lange, da stand es vor einem steilen Felsen, von dem ein großes, großes Schloß ins Tal herab-
schaute. »Wer weiß«, dachte sich das Mädchen, »ob ich im
Schloß nicht zu etwas zu brauchen bin, wofür ich mein
Brot verdienen kann?« Weil am Fuß des Felsens eine
Höhle war, trug es sein Bündel in dieselbe, versteckte es
dort, und nachdem es so sein Hab und Gut aufgehoben
hatte, stieg es wohlgemut auf einem engen Pfad zum
Schloß hinauf. Es zog nun ganz leise an der Klinke, und
bald ging die Tür auf, und der Schloßvogt trat heraus. Dieser war ein finsterer Mann und fragte das Mädchen mit
barschen Worten, was es wolle. Die Grafentochter, wie sie
den finstern Mann sah und die barschen Worte hörte,
wurde fast ein wenig verzagt und antwortete schüchtern:
»Ich möchte einen Dienst bekommen; sind denn in dem
Schloß hier alle Plätze schon besetzt?«
»Wirst schon wieder abziehen müssen«, erwiderte der
Vogt, »da stehen wir auf dich nimmer an, denn es ist alles
schon besetzt. Aber richtig, das Hennenpfösl* ist uns neu-
lich durchgegangen, und wenn du etwa an seine Stelle treten willst, kannst du meinetwegen hierbleiben.«
»Ei«, erwiderte das Mädchen mit Freude, »wenn ich nur
einen Dienst bekomme, so will ich mir's nicht zu schlecht
sein lassen, die Hähnchen und Hühnchen zu hüten und zu
füttern.«

* Hennenpfösl bedeutet in Passeier, wo das Märchen erzählt wird,
 Hennendirne.

72

Nun wurde die Grafentochter in das Schloß gelassen und das Geflügel wurde ihrer Obsorge überlassen. Sie verrichtete fleißig ihre Arbeiten und war bei dem Gackern der Hennen viel fröhlicher als daheim bei den Scheltworten der Eltern.

Der Besitzer des Schlosses war noch unverheiratet und dachte daran, sich eine Braut zu wählen. Er veranstaltete daher einen glänzenden Ball, wozu er alle Herren, Frauen und Fräulein aus der ganzen Nachbarschaft einlud, und das schönste von allen Fräulein wollte er sich dann zur Frau nehmen. Wie nun der Tag des Festes herankam, da zogen viele Ritter und Grafen mit ihren Frauen und Töchtern in das Schloß. Da war ein Hin- und Wiedergehen in den Sälen, ein Glänzen und Glitzern an den Kleidern, daß einem Hören und Sehen verging. Bald begann die Musik, und wie das Hennenpfösl die Hörner und Trompeten hörte, da konnte es sich nimmer halten, sondern ging zum Pförtner und bat ihn um die Erlaubnis, nur auf einige Augenblicke in den Ballsaal treten zu dürfen. »Was denn etwa nicht noch?« erwiderte zornig der Pförtner, »so ein schmutziges Ding wird man zu den vornehmen Leuten in den Saal lassen. Bist du denn nicht gescheiter?«

»Oh, Ihr braucht Euch meiner nicht zu schämen«, antwortete etwas schnippisch das Mädchen, »ich will mich schon reinigen und putzen, bevor ich in den Saal gehe, dann laßt ihr mich aber hinein, nicht wahr?«

»Ja nun, so sollst du halt deinen Vorwitz büßen und auf einen Augenblick hereinkommen.«

Das Hennenpfösl eilte nun freudig davon, putzte und reinigte sich, ordnete sich das goldgelbe Haar zu schönen Flechten und lief dann den Schloßberg hinab zu jener Höhle, wo es sein Hab und Gut verborgen hatte. Es öffnete nun das Bündel und nahm das himmelblaue Gewand heraus. Dieses tat es sich an, den armseligen Bauernkittel aber ließ es in der Höhle liegen. Nun stieg Hennenpfösl wieder zum Schloß hinauf und trat in den herrlich beleuchteten Saal. Eben fingen die Musikanten an zu einem neuen Tanz aufzuspielen, und die Herren suchten sich neue Tänzerinnen. Wie der Schloßbesitzer die Jungfrau im blauen Gewand eintreten sah, eilte er auf sie zu, denn sie war bei weitem die Schönste unter allen Mädchen, die beim Ball zugegen waren. Er tanzte nun mit ihr und während des Tanzes schaute er ihr immer in die schönen blauen Augen, und er konnte sich daran nicht satt sehen. Aber kaum war dieser Tanz vorbei, so war die schöne Jungfrau schon zur Tür hinausgeflogen, und niemand wußte zu sagen, wer oder woher sie sei. Das tat dem Schloßherrn sehr wehe, und während des ganzen Balles konnte er nimmer fröhlich sein. Hennenpfösl aber war indes wieder zur Höhle hinabgelaufen, hatte das himmelblaue Kleid ausgezogen und den armseligen Bauernkittel angetan und war so in die Burg zurückgekehrt.

Der Schloßherr dachte von nun an immer nur an die schöne Jungfrau im blauen Kleid und wie er erfahren könnte, wer sie sei und ob er sie zur Braut bekommen könnte. Er gab daher bald wieder einen glänzenden Ball, in der Hoffnung, die schöne Jungfrau möchte auch diesmal erscheinen, und damit sie ihm nimmer entrinnen könne, gab er den Wächtern den Auftrag, niemanden aus dem Schloß zu lassen. Wie das Hennenpfösl die Tanzmusik hörte, da hatte es wieder keine Ruhe, sondern ging zum Pförtner und bat ihn um die Erlaubnis, auf einige Augenblicke in den Ballsaal treten zu dürfen. »Ihr braucht Euch nicht zu schämen«, sagte es, »ich will mich schon reinigen und putzen, bevor ich in den Saal gehe.« Der Pförtner gab ihm die Erlaubnis, und Hennenpfösl eilte freudig davon, putzte und reinigte sich, ordnete sich das goldgelbe Haar zu schönen Flechten und lief dann den Schloßberg hinab zu jener Höhle, wo es sein Hab und Gut verborgen hatte. Es öffnete sein Bündel und nahm das rosenrote Gewand heraus. Dieses tat es sich an, den armseligen Bauernkittel aber ließ es in der Höhle liegen. Nun lief Hennenpfösl wieder zum Schloß hinauf und trat in den herrlich beleuchteten Saal.

Wie der Schloßbesitzer die schöne Jungfrau eintreten sah, erkannte er sie sogleich wieder, eilte auf sie zu, nahm sie bei der Hand und führte sie zum Tanz. Kaum war der erste Tanz vorbei, so flog die schöne Jungfrau zur Tür hinaus, unter die Wächter aber, die sie zurückhalten wollten, warf sie Geld aus, und während sie das Geld auflasen, war Hennenpfösl schon auf und davon und lief zur Höhle hinab. Hier zog es das rosenrote Kleid aus, tat sich den armseligen Bauernkittel an und kehrte so in die Burg zurück.

Der Besitzer des Schlosses aber wurde mißgestimmt und traurig, weil ihm niemand sagen konnte, wer oder woher die schöne Jungfrau sei. Immer und immer dachte er nur an sie, und seine einzige Sorge war, wie er sie finden und zur Braut bekommen könnte. Er gab daher zum dritten Mal einen glänzenden Ball, in der Hoffnung, die schöne Jungfrau möchte auch diesmal wieder erscheinen.

Wie das Hennenpfösl die Tanzmusik hörte, hatte es wieder keine Ruhe, sondern ging zum Pförtner und bat ihn um die Erlaubnis, auf einige Augenblicke in den Ballsaal treten zu dürfen.

»Ihr braucht Euch nicht zu schämen«, sagte es, »ich will mich schon reinigen und putzen, bevor ich in den Saal gehe.«

Der Pförtner gab ihr die Erlaubnis, und Hennenpfösl eilte freudig davon, putzte und reinigte sich, ordnete das goldgelbe Haar zu schönen Flechten und lief dann den Schloßberg hinab zu jener Höhle, wo es sein Hab und Gut verborgen hatte. Es öffnete sein Bündel und nahm das weiße Gewand heraus. Dieses tat es sich an, den armseligen Bauernkittel aber ließ es in der Höhle liegen. Nun stieg Hennenpfösl wieder zum Schloß hinauf und trat in den herrlich beleuchteten Saal. Wie der Schloßbesitzer die schöne Jungfrau sah, erkannte er sie sogleich wieder, eilte auf sie zu, nahm sie bei der Hand und führte sie zum Tanz. Während des Tanzes steckte er ihr heimlich einen goldenen Ring an den Finger, als aber der erste Tanz vorbei war, flog die schöne Jungfrau zur Tür hinaus, warf unter die Diener, die sie zurückhalten wollten, Geld aus, und während sie das Geld auflasen, war Hennenpfösl schon auf und davon und lief zur Höhle hinab. Hier zog es das weiße Gewand aus, tat sich den armseligen Bauernkittel an und kehrte in die Burg zurück.

Eines Tages befahl der Schloßherr seiner Köchin, zu Mittag Strauben zu kochen. Als die Köchin die Strauben backte, war Hennenpfösl gerade in der Küche und rührte einen Hennenkoch. Wie es das Schmalz in der Pfanne brodeln hörte, schaute es, was es gebe, und da es die Köchin Strauben backen sah, bat es dieselbe, sie möchte ihm doch erlauben, eine einzige Straube für den Schloßherrn zu backen. Die Köchin wollte anfangs nicht »Ja« sagen, als aber Hennenpfösl nicht nachgab, so gab sie ihm endlich die Erlaubnis, eine Straube zu backen.

Hennenpfösl ließ nun den Teig zu der Straube in das brodelnde Schmalz laufen, und als die Köchin einen Augenblick wegschaute, warf es auch den Ring, den ihm der Schloßherr an den Finger gesteckt hatte, in den Teig und buk ihn ein.

Mittags wurden die Strauben aufgetragen, und der Schloßherr aß mit großem Appetit, denn es war seine Leibspeise. Als er die erste Straube gegessen hatte, nahm er die zweite heraus und dann die dritte, und wie er diese auseinanderriß, guckte ein Ring heraus. Er schaute das goldene Reiflein genau an und war wie vom Himmel gefallen, als er sah, daß es kein anderes war als jenes, welches er der schönen Jungfrau an den Finger gesteckt hatte. Augenblicklich ließ er die Köchin zu sich kommen und fragte sie, wer die

Strauben gebacken habe. Die Köchin aber wollte nicht sagen, daß sie das schmutzige Hennenpfösl ins Kochen hatte hineinpfuschen lassen, und behauptete kurzweg, sie selbst habe alle Strauben gebacken, vom ersten bis zum letzten. Der Schloßherr aber gab nicht nach und drohte ihr sogar mit Blut und Leben, wenn sie nicht bekennen würde, wer denn die Strauben gebacken habe. Sie gestand endlich ein, daß das Hennenpfösl nicht nachgegeben habe, und da habe sie ihm erlaubt, eine Straube zu backen.

Wie der Schloßherr das hörte, ließ er das Hennenpfösl rufen, dieses aber putzte sich recht hübsch auf und trat in das Zimmer. Auf den ersten Blick erkannte der Schloßherr im Hennenpfösl die schöne Jungfrau, die im himmelblauen, dann im rosenroten, dann im weißen Kleid zum Ball gekommen war und um derentwillen er so viel Herzenspein hatte erdulden müssen. Er stand rasch von seinem Sitz auf, nahm die errötende Jungfrau bei der Hand und sagte: »Du bist meine Braut!«

In wenigen Wochen wurde Hochzeit gehalten, und dabei wurde musiziert und getanzt und gegessen, daß es eine Art hatte.

Müllers Töchterlein

※◎≪ ※◎≪ ※◎≪

Des Müllers Töchterlein war ein keckes Mädchen und hätte es wohl auch mit Männern aufgenommen. Einmal mußte es, während die anderen Bewohner in der entlegenen Kirche waren, im einsamen Häuschen zurückbleiben, um es zu hüten. Das Mädchen sperrte sich brav ein, und weil ihm das Alleinsein so langweilig vorkam, wartete es mit Sehnsucht auf die Ankunft der übrigen, die doch nicht mehr lange ausbleiben konnten. Wie sie so durchs Fenster sah und auf die Kirchgänger harrte, sah es von weitem drei wilde Männer daherkommen, die sehr verdächtig aussahen. Die Männer gingen gerade auf das Müllerhaus zu, als ob es sich so »gehörte«, besichtigten alles und jedes und klopften endlich an die Haustür.

Der Maria, so hieß das Mädchen, gefiel der ganze Handel nicht, und es hätte sie beinahe gegruselt, doch bald hatte sie sich gefaßt, hielt sich mausstill und öffnete nicht. Da fiel ihr ein, daß auch aus dem Keller eine Hintertür auf die Straße führte und daß darin ein großes Guckloch war. Gleich vermutete sie, die drei wilden Männer könnten dort hereinkommen, holte sich ein Beil und ging in den Keller hinunter. Sie war noch nicht lange auf der Lauer, als einer von den dreien das Schieberl beiseite schob und durch die Öffnung hereinzukriechen versuchte. Maria, die sich stramm hinter der Tür verbarg, war nicht faul und hieb mit einem Streich dem Einbrechenden den Kopf ab, daß er weit von dannen kugelte, packte dann gleich den Rumpf und zog ihn zu sich herein.

Wie der erste so durch die Luke hinein verschwunden war,

glaubten die beiden andern, es sei dem ersten gelungen, in den Keller zu steigen, und der zweite machte sich an die Reihe. Er steckte seinen Kopf durchs Loch hinein, und die kecke Maria stand hinter der Tür bereit und machte es bei ihm wie bei dem ersten.

Der dritte wollte auch hinein, allein Maria war dieses Mal zu voreilig, denn kaum hatte sein Kopf zum Loch hineingeguckt, als sie mit dem Beil losschlug und ihm nur eine kleine Wunde beibrachte. Er zog rasch den Kopf zurück und wußte nun, wie es seinen zwei Kameraden ergangen war. Ohne zu säumen, eilte er mit blutigem Kopf zu seinen Kameraden, den Räubern, in den Wald zurück und ließ sich dort die Wunde heilen.

Maria war nach diesem Besuch nicht mehr lange allein, denn bald hatte der Gottesdienst geendet, und die Kirchgänger kamen nach Hause. Mit pochendem Herzen und doch mit Freude eilte sie ihnen entgegen und erzählte ihren Leuten das, was sich zugetragen hatte. Alle verwunderten sich über die Geistesgegenwart des Mädchens und konnten seine Tat nicht genug loben. Die zwei erschlagenen Räuber wurden dann dem Gericht ausgeliefert und unter dem Galgen begraben.

Die Felder waren seit dieser Begebenheit zweimal fahl und wieder grün geworden, als eines Morgens ein schmucker Müllergeselle in die Mühle kam und sich dort nach einem Dienst erkundigte. Dem Meister gefiel der »wachse« Bursche, und er nahm ihn als Gesellen an. Der neue Müller arbeitete sehr fleißig und hatte sich bald das Zutrauen und die Liebe aller Bewohner der Mühle erworben. Man hatte vor ihm kein Hehl, und alle Geheimnisse und Geschichten der Mühle, somit auch die Tat der Tochter, wurden ihm, wenn nicht heute, doch morgen mitgeteilt. Maria selbst erzählte ihm von jenem Besuch öfters mit der größten Freude und nur, wenn sie vom dritten zu sprechen kam, unterdrückte sie eine gewisse Furcht und Angst nie ganz:

»Den, der mir so durchkam, fürchte ich noch immer«, gestand sie öfters. Der Geselle lächelte dann und schob dann auch zuweilen das rote Häubchen, das nie von seinem Kopfe kam, etwas in die Runde. Oft erzählte er auch, was er für ein reicher Müllerssohn sei und wie viele Gründe sein Vater besitze. Maria glaubte alles und gewann nach und nach den Gesellen so lieb, daß er ihr über alles ging, und er behauptete auch, daß er die Maria recht lieb habe.

Es dauerte nicht lange mehr, und er hielt beim Müller um die Hand der Tochter an, die ihm der alte Meister nicht versagte. Einige Tage vor der Trauung wollte er seine Braut auf »den Bschau« führen, und ihre Eltern hatten nichts dagegen einzuwenden. Der Geselle führte die liebe Maria nun eines Tages weiter, und sie war voll Freude, daß sie ihre künftige Heimat bald sehen solle.

Der Weg führte sie durch einen Wald. Wilde Rosenhecken, riesige Farnblätter und altersgraue Tannen standen nur in dieser Wildnis, sonst sah man nichts und keines Menschen Tritt oder Stimme schlug an das Ohr der Wanderer. Wie sie so einsam, allen Menschen ferne, durchs Dickicht wanderten, stand der Geselle plötzlich still, maß das Mädchen mit wildem Blick, zog das rote Häubchen ab und fragte: »Kennst du dieses Zeichen?« Dabei deutete er auf die Schramme, die ganz jener glich, die sie dem wilden Mann beigebracht hatte.

»Jesus Maria!« entfuhr es der Kehle der armen bleichen Dirne, die vor Schrecken fast zusammensank.

»Zwei meiner Kameraden hast du getötet, und gegen mich hattest du schon das Beil erhoben, dafür soll dir der Tod nicht ausbleiben«, fuhr ihr Begleiter fort.

Maria flehte und weinte, allein es half alles nichts, und er schleppte und zerrte sie weiter, wie ein Tier, das man zur Schlachtbank führt.

Sie waren nicht mehr lange gegangen, als der Räuber bei einem Hause haltmachte. Wie sie nun dort standen, stürzten viele, viele wilde Kerle aus der Tür, hießen ihn willkommen und fragten, ob die es sei. Er nickte, und alle frohlockten und führten das Paar in die Stube, in der ein großer, großer Ofen stand. Der »Häuserin« wurde nun befohlen, recht stark einzuheizen, denn man wolle einen guten Braten bereiten.

Die Wirtschafterin feuerte nun ein, und dann brachte sie den polternden Räubern Wein und Gesottenes und Gebratenes, an dem sich die bärtigen Waldmenschen gütlich taten. Maria hängten sie aber beim heißen Ofen an und lachten, wenn sie sich vor Hitze wie ein Wurm krümmte und bog. Schon glaubte sie, vor Hitze vergehen zu müssen, als ein Bote mit der Nachricht kam, daß im Wald Kaufleute sich verirrt hätten. Wie auf einen Zauberschlag standen nun alle auf, tranken die Gläser aus und eilten aus der Stube.

Die alte Häuserin und die geängstigte Maria waren nun allein zu Hause. Da bat des Müllers Töchterlein die Alte, sie solle ihr doch zur Flucht behilflich sein, sie würde ihr dafür ewig dankbar sein, und Tränen, so hell und klar wie der Morgentau, kugelten über die roten feinen Wangen des Mädchens so zahlreich, daß eine die andere schlug.

Die Alte erbarmte sich endlich des jungen Blutes, band Marien los und eilte mit ihr fort, denn wäre sie allein zurückgeblieben, so wäre es um sie geschehen gewesen.

Häuserin und Müllers Töchterlein gingen nun stille durch den Wald, um dem Tod zu entrinnen und das Freie zu suchen. Sie hatten aber kaum die Hälfte des Weges zurückgelegt, als sie die Räuber von ferne daherkommen und lärmen hörten. Was war nun zu tun, wenn nicht beide dem Tod in den Rachen laufen wollten? Maria war gleich entschlossen, sie sah in der Nähe einen großen, hohen Baum und den kletterte sie, so behend und leicht, wie ein Eichhorn, hinan. Die Räuberwirtschafterin war auch nicht faul und folgte ihrer Vorgeherin, und so schwebten beide auf den' schwankenden Ästen droben, die sich unter ihnen auf- und niederbogen. Indessen waren die zweiundzwanzig Räuber bis zum Baum gekommen, ließen sich am Fuße desselben nieder und hielten Rast. Zur Kurzweile verabredeten sie, wie sie des Müllers Tochter im Ofen braten werden.

Die beiden Gäste auf dem Baum droben hörten jede Silbe und gerieten in eine so große Furcht, daß der Angstschweiß vom Baume niedertropfte.

Als die Räuber dies Tropfenfallen merkten, fürchteten sie einen nahenden Regen, griffen hastig nach ihren Waffen und eilten spornstreichs nach Hause.

Kaum hatten die beiden Flüchtigen dieses gesehen, als sie eiligst herunterstiegen und ohne jemals umzusehen durch den Wald eilten, bis sie die Lichtung erreicht hatten. Auch dort rasteten sie noch nicht, sondern eilten dem nächstgelegenen Dorf zu, in dem Bekannte der Maria wohnten. Zu diesen nahmen sie ihre Zuflucht und erzählten ihnen alles.

Die Sache wurde nun im Dorf gleich laut, die Bewohner desselben scharten sich zusammen und eilten bewaffnet dem Waldhause zu. Sie fanden die Räuber alle beisammen und brachten sie bis auf den letzten um.

Maria kam aber mit ihrer Begleiterin noch am nämlichen Tag zu ihren Eltern zurück, und die alte Häuserin lebte bei ihnen, bis sie starb.

Der gläserne Berg

Ja, mein Kind, es ist schon lange her – du denkst es nicht und ich auch nicht –, da lebte einmal tief in einem Wald ein Förster, der hatte einen Sohn, der sich aufs Waidwerk ordentlich verstand. Der ging einmal hinaus auf die Jagd und schoß Hirsche und Rehe zusammen, als ob alles Wild nur da wäre, um von ihm geschossen zu werden. Er wollte eben heimkehren, da ließ sich ein wunderschönes Reh sehen, und das wollte er noch schießen, bevor er nach Hause ging. Das Reh lief immer weiter, und wenn er wieder anschlagen wollte, so war es hinter zehn Bäumen verschwunden. Er aber gab auch nicht nach und dachte: »Nachlaufen tu ich, solang mich die Beine tragen.« Auf einmal sah er einen großen spiegelhellen See vor sich, darin die Fischlein recht wonnig aufhüpften, als ob ihr Kirchtag wäre. Der Försterssohn schaute sich den See ordentlich an, denn er war ihm ganz neu, und er dachte sich: »Daher komm ich nicht alle Tage.«

An einer Ecke, nicht weit von dem Platz, wo er gerade zu stehen gekommen war, sah er drei Badende, und an den langen Haaren, die über den See hinschwammen, erkannte er leicht, daß es Frauenspersonen waren. Hinter einer Hecke sah er ihre Überkleider liegen. Diese nahm er sich und lief davon. Er war noch nicht weit im Wald, da kamen die drei Jungfrauen herangelaufen und baten um ihre Überkleider. Nach langem Bitten stand der Försterssohn still und nahm die entwendeten Kleider vom Rücken. Zuerst gab er der ältesten der Jungfrauen, dann endlich auch der zweiten das Ihrige zurück. Sobald sie ihre Kleider hatten, waren beide weg, als ob sie der Wind verweht hätte.

Die dritte aber, welche die Jüngste und Schönste war, ging noch lange nach und bat in einem fort den Jüngling um ihr Überkleid. Er aber tat, als ob er gar nichts hörte, ging weiter und ließ die Bittende neben sich herlaufen. Als er nach Hause kam, gab er ihr ein Kleid von seiner verstorbenen Mutter und hieß sie mit dem zufrieden sein.

Das Mädchen aber war bildschön und gefiel dem Jüngling, der eben ans Heiraten dachte, so sehr, daß er sich in den Kopf setzte, dasselbe zur Frau zu nehmen. Er fragte jedoch alle Leute in der ganzen Umgegend, ob sie ihm denn nichts Näheres von dem schönen Mädchen oder von seinen Eltern zu sagen wüßten. Niemand wußte etwas anderes, als daß die Jungfrau eben achtzehn Jahre alt sei. »Das ist ja gerade recht«, dachte sich der Försterssohn, »ich bin zwanzig Jahre alt, sie achtzehn, besser könnten wir ja nimmer zusammenpassen.« Er ging also schnurstracks zu dem schönen Mädchen und fragte es: »Magst mich heiraten?« Das Mädchen besann sich nicht lange und sagte: »Ja.« Nun wurde zur Hochzeit alles vorbereitet. Der alte Förster verzierte sein feines Häuschen mit allen Hirschgeweihen, die er sein Lebtag zusammengebracht hatte, der junge aber ging in die Stadt und kaufte seiner Frau das netteste Gewand, das er nur aufbringen konnte.

In einigen Wochen kam es zur Hochzeit, da wurde gesungen und gejodelt, als wäre der Himmel voll Baßgeigen. Friedsam und fröhlich lebte der junge Förster mit seiner Frau im kleinen Försterhäuschen. Der alte aber blieb auch bei ihnen und hatte sie gern, wie ein Vater seine Kinder haben soll, und segnete sie täglich vor dem Schlafengehen. Wenn so der Förster mit seiner Frau allein im Garten saß oder im Wald herumging, so bat sie ihn oft, er möchte ihr doch einmal jenes Gewand wiedergeben, welches er ihr bei dem See entwendet habe. Er aber wußte immer eine Ausrede und behielt den Schlüssel zu dem Schrank, worin das Gewand lag, stets bei sich. Eines Tages ging er mit seinem Vater hinaus in den Wald auf die Jagd und hatte den Schlüssel zu Hause vergessen. Seine Frau sah denselben auf dem Kasten liegen und war über die Maßen froh, wieder zu ihrem Gewand kommen zu können. Eiligst sperrte sie den Kasten auf, nahm ihr Gewand heraus, legte es sich an – und husch! – war sie auf und davon.

Abends kam der Förster nach Hause, rief in allen Ecken und Enden nach seiner Frau – aber sie gab keine Antwort. Er glaubte, es sei ihr ein Leid begegnet, und trübselig schlich er im Hause hin und her. Endlich warf er zufällig einen Blick auf den Kasten, in dem er das Kleid seiner Frau verborgen hatte, und wie er daran den Schlüssel stecken sah, dachte er sich sogleich: »Holla, da hast du das Rechte getan!« Er wollte nun nachsehen, ob das Gewand seiner Frau wirklich verschwunden war, und riß, unwillig über sich selbst, die Schublade auf, an welcher der Schlüssel stak. Mit einem Blick sah er, daß kein Kleid mehr in der Schublade lag, aber daß dafür ein Brief auf dem Kasten lag.

An den schönen Buchstaben erkannte er sogleich die Schrift seiner Frau, und er las mit klopfendem Herzen folgende Worte: »Wenn mich mein Mann liebt und wiederfinden will, so soll er mich auf dem gläsernen Berg suchen.«

Der Förster besann sich keinen Augenblick, öffnete die Geldkiste, die in einer Ecke der Kammer stand, und steckte einen Haufen Goldstücke zu sich, um auf der weiten Reise keine Not leiden zu müssen.

Dann ging er zu seinem Vater und erzählte ihm von dem sonderbaren Brief und von seinem Vorhaben, die verschwundene Frau auf dem gläsernen Berg zu suchen. Der alte Vater machte freilich große Augen bei der ganzen Erzählung, aber ehe er recht zu Worten kam, hatte ihm der Sohn schon die Hand zum Abschied gedrückt und war im nahen Wald verschwunden.

Der junge Förster ging nun aufs Geratewohl bis in die späte Nacht, und als am andern Tag der erste Vogel pfiff, war er schon wieder auf den Beinen und schlenderte mutig fort, bis es wieder geschlagene Nacht war. So ging es tagaus, tagein, bald durch stockfinstere Wälder, bald über lichte Wiesen, bald auf, bald ab, bald hin und her. Der junge Wandersmann ging und ging, und er fragte sich sehr, wann er denn zum gläsernen Berg kommen werde. Sooft er in einem Haus zu Mittag aß oder übernachtete, fragte er die Leute, ob sie denn nie etwas gehört hätten, wo der gläserne Berg sei. Da schauten ihn die Leute groß an, und manche meinten, der junge Bursche habe sich in den April schicken lassen. Begegnete ihm auf dem Weg ein altes, runzliges Mütterchen, so war immer nach dem »Grüß Gott« die erste Frage: »Mütterchen, wo ist denn der gläserne Berg?« Aber kein Mütterchen wußte, wo der gläserne Berg war, und halb verdrießlich wanderte der Förster wieder weiter.

Eines Tages war er lange, lange durch einen dunklen Wald gegangen, und als es anfing, tiselet* zu werden, war er recht froh, ein Haus vor sich zu sehen, um darin über Nacht liegen zu können. Ohne sich lange zu besinnen, ging er hinein, und es kam ihm ein Mann entgegen, der ihn fragte, wes Weges er gehe. Der Förster antwortete, er wolle den gläsernen Berg finden, allein bisher sei all sein Fragen und Suchen vergeblich gewesen. Wie der Mann von diesem Plan hörte, wurde er recht freundlich und höflich, führte den Wanderer in ein hübsches Zimmer und lud ihn ein, da über Nacht zu bleiben. Der Förster ließ sich nicht lange laden, aß zuerst ein gutes Nachtmahl, das man ihm hinstellte, und legte sich dann in das weiche Federbett, das in einer Ecke des Zimmers stand, und kaum lag er auf einem Ohr, so fing er auch schon an, »knietief« zu schlafen,

* dämmerig.

und ohne nur ein einziges Mal aufzuwachen, schlief er, bis der hellichte Tag in die Kammer hereinschien. Da erwachte der Förster, rieb sich zuerst die Augen aus, machte sich wieder reisefertig und ging nun zum Mann, um ihm für die freundliche Aufnahme zu danken. Nachdem er lange Zeit gedankt hatte, fragte er: »Aber mein lieber Mann, weißt du denn auch nicht, wo der gläserne Berg ist und wie lange ich noch gehen muß, bis ich dahin komme?«

Der Mann, der ein Hexenmeister war, antwortete: »Ja, bis dahin ist's noch ein gutes Stück Weg. Aber damit du schneller an End' und Ort kommst, will ich dir ein Mittel geben, für das du mir gewiß sehr dankbar sein wirst.«

Da ging der Hexenmeister weg, und nach einigen Minuten kam er mit zwei ungeheuren Stiefeln zurück. »Da, zieh diese Stiefel an und laß dieselben nur gehen, wohin sie wollen. Heut abend noch wirst du zum gläsernen Berg kommen, dann zieh die Stiefel aus und sieh zu, was weiter geschieht!«

Der Förster dankte aus Leibeskräften, schlüpfte in die Stiefel, und flugs ging es zur Haustür hinaus und dann über Stock und Stein, durch Wald und Feld, so schnell, daß dem armen Förster beinahe der Atem ausging. Eine Stunde verging um die andere, ein Stiefel trat immer vor den anderen, aber der gläserne Berg wollte sich noch immer nicht zeigen.

Schon war die Sonne dem Heimgang nahe, da sah der Wanderer vor sich etwas glänzen und flimmern, und das Glänzen und Flimmern kam immer näher und näher, so daß sich der Förster bald überzeugt hatte, er nahe jetzt dem Ziel seiner Reise.

Die Stiefel griffen noch einige Male kräftig aus, bis sie am Fuß des gläsernen Berges haltmachten. Der Förster mußte nun zuerst die Augen zudrücken, ein solcher Schimmer leuchtete ihm von dem vielen Glas entgegen. Sobald er wieder die Augen aufzutun wagte, war das erste, daß er sich die »großmächtigen« Stiefel abzog, so wie es ihm sein Wirt aufgetragen hatte. Kaum hatte er das riesige Paar vor sich hingestellt, so hatte er es auch zum letzten Male gesehen.

Mit blinzelnden Augen ging nun der Förster am Fuß des Berges herum, um sich soviel wie möglich alles zu beschauen. Der Berg, der vor ihm stand, war wirklich von unten bis oben ganz aus hellstem Glas, und die Bäume und Sträucher und Gräser, die darauf- und danebenstanden, waren auch alle aus purem Glas. Und weil eben die Abendsonne darauf schien, so war alles in schönstes Licht getaucht. Die gläsernen Baumblätter flimmerten noch viel schöner als zitternde Birkenblätter im Sonnenglanz. Und die Gräser neigten und beugten sich im leisen Abendwind, und mit ihnen neigten und beugten sich die vielen Farben, die sie widerstrahlten. Der Berg selbst aber spiegelte die Sonne noch beinahe schöner und heller ab, als sie am blauen Himmel stand.

Das alles gefiel dem Förster sehr gut, und er hätte sich nur gewünscht, daß seine Augen den Glanz recht vertrügen und daß er auch wüßte, wie über den halen* Berg hinaufzukommen sei. Doch er dachte sich: »Kommt Zeit, kommt Rat« und schaute einmal ganz gemächlich nach allen Seiten herum. Da hörte er nicht weit von sich ein Geschrei, und wie er demselben näher kam, bemerkte er, daß sich zwei Knaben um einen Sattel stritten. »Aha«, dachte er sich sogleich, »da hab ich's schon, der Sattel ist offenbar auch so ein Reitpferd, wie die zwei Stiefel.« Mit großen Schritten ging er auf die Knaben zu, zog ein Goldstück aus der Tasche und warf es ihnen hin. Beide stürzten gierig auf das Goldstück los, der Förster aber setzte sich schnell auf den Sattel und husch! war der Sattel mit dem Reiter auf der Spitze des gläsernen Berges.

* hal = glatt, schlüpfrig.

88

Der Reiter stieg ab und sah um sich eine schöne, gläserne Ebene und darauf ein prachtvolles, gläsernes Schloß. Ohne sich lang zu besinnen, ging er in das Schloß hinein und über die Stiege hinauf. Auf der Stiege begegnete ihm eine Frau, die er sogleich als seine Gemahlin erkannte. Sie hieß ihn herzlichst willkommen, fügte aber ihrer Einladung bei: »Schwere Prüfungen wirst du bestehen müssen, bis dir dein Leben gesichert ist; denn meine Mutter, der dieses Schloß und der Berg gehört, legt jedem, der hierherkommt, allerlei schwere Proben auf, und wer dieselben nicht zu lösen vermag, den richtet sie zugrunde. Sei aber unverzagt, denn ich will dir durch jede Gefahr glücklich durchhelfen! Wisse übrigens, daß jene zwei Jungfrauen, die du bei mir am See gesehen hast, meine zwei Schwestern sind und ebenfalls in diesem Schloß wohnen. Du wirst sie aber nicht zu Gesicht bekommen, denn die Bedienung der Fremden ist mir allein überlassen.«

Kaum hatte sie dies gesagt, da kam ihre alte, greisgraue Mutter heran, begrüßte den Ankömmling mit aller Freundlichkeit und lud ihn ein, im Schloß seine Herberge zu nehmen. Der Förster nahm die Einladung dankbar an, und nachdem er sich mit einem Abendessen gütlich getan hatte, begab er sich zu Bett.

Kaum hatte er am anderen Morgen sein Lager verlassen, da ging die Tür seines Schlafgemaches auf, und die Alte trat herein. Mit der widerlichsten Baßstimme brummte sie ihn an: »Weil du dich unterstanden hast, hierherzukommen, mußt du heute alle Bäume des gläsernen Berges umhauen und vor das Schloß bringen. Ist die Arbeit am Abend nicht vollendet, so sieh zu, wie es dir ergehen wird. An ein Davonkommen darfst du nicht denken, denn ohne meinen Willen kommt niemand über die Grenzen dieses Berges. Da hast du ein Werkzeug für deine Arbeit.«

Mit diesen Worten warf sie ihm eine hölzerne Hacke vor die Füße, und sogleich wackelte sie wieder zur Tür hinaus.

Dem Förster wäre bei der Rede der Alten ein wenig bange geworden, hätte er sich nicht an das freundliche Versprechen seiner Frau erinnert. Er ging nun mit seiner Hacke hinaus und warf vor allem einen Blick über den ganzen Berg. »Holla«, dachte er sich, »das wird nicht so leicht gehen. Aber, du Narr, die Bäume sind ja aus Glas und Glas bricht leicht.« So dachte er sich und wollte nun an den ersten Baum Hand anlegen. Aber er mochte sich anstrengen, wie er wollte, der Baum fiel nicht um. Er wäre nun noch verzagter geworden, hätte er sich nicht wieder an die freundlichen Worte erinnert, die seine Frau gestern zu ihm gesprochen.

Er spazierte den ganzen Vormittag auf und ab, und seine ganze Arbeit bestand darin, daß er den Berg von allen Seiten genau anschaute. Als die Sonne mitten am Himmel stand, brachte ihm seine Frau das Essen, sprach ihm Mut zu und machte sich statt seiner an die Arbeit. Die Arbeit ging so schleunig vom Fleck, daß der Förster gerade einmal schauen und sich über die Geschicklichkeit seiner Gemahlin freuen mußte. Die Bäume purzelten um wie die Mücken, und in einer halben Stunde lagen sie alle vor dem Schloß aufgehäuft.

Abends kam die Alte, um zu schauen, wie es mit der Arbeit stand. Sie zeigte sich ganz zufrieden, als sie die Bäume alle auf einem Haufen liegen sah.

Am anderen Morgen kam sie wieder in des Försters Zimmer, als er kaum aufgestanden war. »Heute«, brummte sie, »mußt du allen Bäumen die Äste abhauen und Baumstämme und Äste kleinhacken, so daß sie zum Brennen tauglich werden.« Nach diesen Worten wackelte sie wieder zur Tür hinaus.

Der Förster nahm seine hölzerne Hacke und ging hinaus zu den gläsernen Bäumen. Allein der ganze Vormittag ging vorbei, ohne daß auch nur ein einziger Baum gespalten wurde. Als die Sonne mitten am Himmel stand, brachte ihm seine Frau wieder das Essen und griff dann rüstig die Arbeit an. Da flogen die Äste von den Bäumen herab und die Bäume und Äste in Prügel und Scheiter auseinander, daß es eine wahre Freude war, zuzuschauen. Als die Arbeit vorbei war, trat die Frau zu ihrem Mann, drückte ihm ein Fläschchen in die Hand und sagte: »Heute nacht wird dein Zimmer voll Rauch werden, so daß du ersticken müßtest, wenn du kein Gegenmittel zur Hand hättest. Trinkst du aber den Inhalt dieses Fläschchens, so wird dir der Rauch nicht schaden.« Mit diesen Worten ging sie wieder von dannen.

Abends kam die Alte aus dem Schloß, um nachzusehen, ob die Arbeit vollbracht war. Als sie sah, wie fleißig Bäume und Äste kleingehackt waren, zeigte sie sich ganz zufrieden und kehrte wieder in das Schloß zurück.

Es war wieder dunkel geworden, und der Förster begab sich in sein Schlafzimmer zur Ruhe. Kaum hatte er sich niedergelegt, so drang ein Rauch in das Zimmer, der immer dichter und dichter wurde, so daß dem Förster das Ersticken nicht ausgeblieben wäre, hätte er nicht schnell nach dem Fläschchen gelangt und dasselbe ausgetrunken. Nachdem aber dies geschehen war, kam ihm der Rauch gar nicht mehr beschwerlich vor, sondern er schlief so frisch und gesund, wie selten zuvor in seinem Leben.

Am folgenden Morgen trat wieder die Alte ins Zimmer, in der festen Meinung, der fremde Mann werde tot im Bett liegen. Wie er ihr aber fröhlich entgegentrat, begrüßte sie ihn mit freundlichster Miene und drückte ihm ihre Freude darüber aus, daß er alle drei Proben glücklich überstanden habe. Dann bat sie ihn, er möchte ihr seine Lebensgeschichte erzählen.

Der Förster fing nun seine Erzählung an und kam endlich auch darauf zu sprechen, wie er seine Frau geholt habe und wer dieselbe sei.

Wie die Alte vernahm, der Fremdling sei der Gemahl ihrer

jüngsten Tochter, da wußte sie fast nicht, was sie anstellen sollte vor lauter Freude, bewirtete das Ehepaar aufs kostbarste und nahm erst nach drei Tagen von demselben Abschied.

Förster und Försterin kehrten zu ihrem Vater zurück, und dieser hatte eine Freude, die der Erzähler nicht beschreiben kann.

Der einfältige Bauer und die traurige Prinzessin

≫❀≪ ≫❀≪ ≫❀≪

In ein weltvergessenes Dörflein kam alljährlich im Herbst ein hausierender Jude mit seinem Kram. Einmal erschien er auch wieder bei einem armen Bauern, der nur eine Kuh und ein Eselchen im Stall hatte. »Nun, wir werden doch wieder ein Geschäftchen miteinander machen«, meinte der Jude. Der Baüer aber erklärte, diesmal könne er nichts kaufen, er habe kein Geld.

»Ei, warum geht's Euch denn so schlecht? Vielleicht kann ich Euch helfen.« Da klagte ihm der Bauer, daß es den Sommer über sehr wenig Heu gegeben habe und er daher das Futter für die Kuh und das Eselchen nicht mehr erschwinge, und doch könne er die beiden nicht entbehren. Die Kuh wegen der Milch, und den Langohr brauche er zum Ziehen. »Wenn's weiter nichts ist«, sagte der Jud, »da ist der Not bald geholfen; Ihr bringt den Esel einfach während des Winters (um die Zeit gibt's für ihn ja doch nichts zu tun) in die Stadt und laßt ihn dort studieren. Ich sag Euch, da zieht er dann für zwei.« Das leuchtete dem Bauer ein: »Ja, ja, der Esel muß studieren.«

Bald war er auch mit seinem Grauen auf dem Weg zur Stadt. Vor dem Stadttor sagte der Bauer zu ihm: »So, Esel, jetzt schau, daß d' in die Studi kommst, sei recht fleißig! Im Frühjahr hol ich dich wieder«, und jagte ihn mit ein paar derben Stößen in die Stadt hinein. Dann machte sich der Bauer wieder auf den Heimweg. Der Esel aber rannte in der ganzen Stadt herum und schrie: »Ia, ia!« Die Leute glaubten, er sei aus irgendeinem Stall entwischt. Endlich nahm sich die Polizei seiner an und fing ihn ein. Damit der

Esel wieder an seinen rechtmäßigen Besitzer komme, ließ man ihn durch den Gemeindediener austrommeln; man könne ihn bei der Polizei abholen. Niemand meldete sich. Nach einiger Zeit wurde das Langohr versteigert und dem Meistbietenden überlassen.

Als wieder laue Lüfte wehten und frisches Grün zu sprießen begann, mußten sich die Bauern wieder zur Feldarbeit rüsten. Für die Kuh hatte unser Bäuerlein den Winter über Heu genug gehabt, und sie gab viel Milch. Jetzt wollte er aber auch den Esel zum Ziehen haben. Er machte sich daher auf die Wanderschaft, um ihn abzuholen. In der Stadt begegnete dem Bauer ein altes Weiblein. Dieses fragte er: »Kannst mir nicht sagen, wo die Esel studieren?«

»Ach, ihr meint die großen Herrn, da müßt Ihr aufs Landgericht gehen.« Der Bauer ging aufs Landgericht. Den Herrn Landrichter, der sich zufällig Esel schrieb, begrüßte er erfreut, in der Meinung, es sei sein studierter Esel: »Grüß Gott, Esel, du hast dich gebessert, es freut mich, daß du so gut studiert hast.«

Der Herr Landrichter war etwas verdutzt ob dieser Ansprache. »Dem fehlt's im Oberstübchen«, dachte er. Laut sagte er: »Ja, ja, es ist alles möglich.«

»Ich könnt dich jetzt brauchen bei der Feldarbeit«, fuhr der Bauer fort. »Dazu habe ich keine Zeit«, sagte der Herr Richter.

»Oho, du wirst wissen, wieviel Hafer und Heu du bei mir gefressen hast!«

»Hm, ja, ja, ich weiß alles.«

»Und wie oft dich's Kühle abgeleckt hat. Aber ich seh schon, du paßt nicht mehr in meinen Stall, ich werde mir einen andern Esel kaufen. Ein Futtergeld wirst mir aber wohl geben, weil du jetzt in einer so guten Stellung bist und ich dich so oft gefüttert und nichts von dir gehabt hab.« Darauf der Herr Landrichter: »Ganz ausbezahlen kann ich dich nicht, da hast du einen Taler. Bist du zufrieden damit?«

»Oh, freilich bin ich zufrieden, so viel Geld hab ich mein Lebtag noch nie gehabt. Jetzt laß ich die Kuh auch studieren«, sagte erfreut der Bauer und machte sich zum Apotheker. »Herr Apotheker«, sagte er, »ich hab meinen Esel in die Studi geschickt und hab von ihm viel Geld bekommen; jetzt möcht ich die Kuh auch noch studieren lassen.«

»Ja, ja, eine Kuh ist immer noch gescheiter als ein Esel«, sagte der Apotheker.

»Aber«, meinte der Bauer, »in die Stadt geben kann ich sie nicht, weil ich die Milch brauche; da sollt Ihr mir nun ein Pulver geben, daß sie im Stall studieren kann.«

Der Apotheker, nicht verlegen, gab ihm ein weißes Pulver, es war Weißmehl. »Also dieses Pulver müßt Ihr in eine Wanne voll Wasser schütten und gut verrühren, daß keine Knollen entstehen und das Wasser aussieht wie Milch. Das laßt Ihr dann die Kuh saufen. Auch müßt Ihr sie alle Tage striegeln und gut füttern, auch nicht ziehen lassen, da wird sie viel Milch geben und fleißig studieren.« Der Bauer bezahlte das Pulver und ging damit heimzu, hatte aber nur halb verstanden, was der Apotheker in seinem Hochdeutsch geschwatzt hatte.

Daheim nahm er einen Waschzuber, füllte ihn mit Wasser und verrührte das Pulver darin. Dann füllte er die Futterbarre gesteckt voll mit Heu an und striegelte die Kuh. Darauf überließ er sie sich selbst und kümmerte sich acht Tage lang nicht mehr um sie. Unterdessen hatte die Kuh alles Futter aufgezehrt, und die Milch tat ihr weh, da sie nicht gemolken wurde. Als dann der Bauer wieder in den Stall kam und sah, daß sie den Kopf hängen ließ, dachte er sich: »Schau, schau, wie das Kühle studiert! Laß ich sie grad noch acht Tage ungestört stehen, dann hat sie ausstudiert.«

Das Kühle aber ging derweil jämmerlich zugrunde. »Sie hat sich überstudiert, und drum ist sie kaputt geworden«, dachte der Bauer, »was fang ich jetzt an mit ihr? Wart, ein studiertes Kuhfleisch kann man gewiß gut verkaufen.« Er schnitt die Kuh samt der Haut in Stücke, schoppte diese in einen Sack und machte sich damit in die Stadt. Wie ein Seeräuber rief er aus: »Wer kauft studiertes Kuhfleisch?« Ein großer Metzgerhund bellte ihn an: »Wuff, wuff, wuff!«

»Ich gibs nicht auf Buff«, sagte der Bauer; aber der Hund hörte nicht auf mit seinem: »Wuff, wuff!«

»Also da hast du's, aber in einem Jahr mußt zahlen!«

Nach Jahresfrist ging der Bauer wieder in die Stadt, traf dort gerade den Hund und redete ihn an: »Jetzt heißt's zahlen, ich hab dir eine ganze Kuh auf Buff gegeben.«

»Wuff, wuff, wuff«, war die Antwort. »Nichts Buff!« sagte der Bauer, »du gehst mit mir zum Esel«, steckte den Hund in einen großen Sack und schleppte ihn aufs Landgericht.

»Herr Esel«, sagte er zum Landrichter, »du wirst wissen, wie gut du studiert hast; die Kuh habe ich dann auch studieren lassen, sie hat sich aber überstudiert und ist zugrunde gegangen. Da hab ich das Fleisch auf Buff verkauft, und jetzt will er nicht zahlen.« Darauf der Richter: »Hast du den Angeklagten?«

»Ja, in diesem Sack ist er«, sagte der Bauer und ließ den Hund aus. Dieser sprang heraus und bellte. »Wuff, wuff!«

»Da hörst es, Herr Esel, immer will er's noch auf Buff.«

»Mein lieber Bauer, mit diesem Angeklagten ist nichts anzufangen«, sagte der Richter, »aber höre! Auf einem Berg residiert ein König, und dieser König hat eine Tochter, die bisher noch niemand zum Lachen gebracht hat. Steck den Hund wieder in den Sack und geh mit ihm zum König! Und wenn du die Prinzessin zum Lachen bringst, bekommst du sie zur Frau.«

Dieser Vorschlag gefiel dem Bauer. Auf dem Berg angekommen, läutete er beim König an. Da schaute eine Frauensperson zu einem Fenster heraus. Der Bauer war in Verlegenheit, wie er sie anreden sollte; aber daß er beim König nicht hoch genug titulieren konnte, war ihm klar. Er rief daher zum Fenster hinauf: »O du hochgelobte Himmelskönigin, ist Jesus Christus nicht zu Haus?«

Sie dachte sich, es sei wieder einer, der die Prinzessin zum Lachen bringen wolle. »Der König und die Prinzessin sind schon zu Hause«, sagte sie und führte den Bauer hinauf in einen prächtigen Saal, vor den König und seine Tochter. Der Bauer erzählte nun dem König, daß er seinen Esel zum Studieren in die Stadt gebracht habe und der sei jetzt ein großer Herr: »Du kennst gewiß den Esel?«

»Ja, den kenn ich schon«, sagte der König, »das ist ein braver Mann.«

»Und dann«, fuhr der Bauer fort, »hab ich die Kuh auch studieren lassen, die hat sich aber überstudiert und ist zugrund gegangen. Das Fleisch verkaufte ich in der Stadt auf Buff, und jetzt sollte er zahlen, er will's aber immer noch länger auf Buff.«

»Wo ist denn der Schuldner?« fragte der König. »Da ist er!« Der Hund sprang bellend aus dem Sack: »Wuff, wuff!«

Ein helles Lachen ertönte, die Prinzessin lachte, lachte. Freudig war der König aufgesprungen und sagte zum Bauern: »Laß diesen Schuldner laufen, mit dem ist nichts anzufangen. Weil du meine Tochter zum Lachen gebracht hast, werde ich die Sache schlichten. Zur Frau kann ich dir meine Tochter nicht geben, sie ist schon verheiratet. Aber wir wägen sie ab; soviel sie wiegt, so viel Geld bekommst du.«

»So viel Geld kann ich nicht brauchen«, sagte der Bauer, »am liebsten wären mir fünfundzwanzig Stockprügel.«

»Das kannst auch haben«, sagte der König. Man rief den Prügelmeister herbei.

»Ich will die Prügel verkaufen«, sagte der Bauer, ging in die Stadt und traf dort den Juden. »Ach mei, treffen wir do einander!« redete er den Bauern an.

Dieser sagte: »Ich komm grad vom König, hab fünfundzwanzig Prügel dort gut, man muß sie holen, dem König gehen sie am Weg um; ich hab sie zwar schon verkauft, aber weil man's nicht abholt, kannst du's auch haben.«

»Nun, was wird bezahlt für das Stück?« – »Hundert Gulden; es sind fünfundzwanzig harthölzerne Prügel.«

»Ich werd' mir die Prügel anschauen«, sagte der Jud. Darauf der Bauer: »Das gibt's nicht, ich hab noch niemanden angeschwindelt!« Da zahlte ihm der Jud fünfundzwanzighundert Gulden. »So«, sagte der Bauer und steckte das Geld ein, »jetzt gehst zum König und verlangst die Prügel.«

Beim König sagte der Jud: »Ich hab dem Bauer die fünfundzwanzig Prügel abgekauft, um hundert Gulden das Stück.«

»Das sind sie wert«, sagte der König, »holt den Prügelmeister und die Bank!«

»Danke, Herr König, ich bin nicht müd.«

»Dann bekommst du die Prügel nicht.«

Man schnallte ihn auf die Bank, und der Prügelmeister begann, ihm die fünfundzwanzig aufzumessen. »Nicht solche Prügel, Hartholz, Hartholz!« jammerte der Jud.

»Sind sie noch nicht hart genug?«

Er schlug noch stärker.

»Hartholz, Hartholz!«

Die Drachenfedern

War einmal vor langer Zeit ein reicher Wirt, der hatte eine wunderschöne Tochter. Neben dem Wirtshaus wohnte in einer gemieteten Hütte ein armer Holzhacker mit seinem Sohn. Dieser war ein lebensfroher, kräftiger Junge, der schönste Bursche im ganzen Dorf und dazu noch recht brav und arbeitsam. Immer war er guter Dinge und zur Arbeit aufgelegt, nur wenn er die Liese, die Wirtstochter sah, dann stand ihm der Gedanke still und sein Blick verlor die frühere Fröhlichkeit. Auch Liese war dem Jungen herzlich gut; nur schade, daß er so blutarm war, weshalb ihr Vater, wenn sie ihn um seinen Segen gebeten hätten, ganz gewiß nicht ja gesagt haben würde. Aber versuchen konnten sie's ja doch, und sie taten's auch.

Der Vater hieß die Tochter ein dummes Ding und wies ihr die Tür, dem Freier aber gab er lachend zur Antwort, wenn er sich seine Tochter verdienen wolle, müsse er dem Drachen in dem großen Wald, der einige Stunden vom Dorf entfernt lag, drei goldene Federn ausreißen und sie ihm herbringen, sonst solle er sich gleich fortmachen. Der Junge war ganz zufrieden mit dieser Bedingung, denn obwohl er wußte, wie grimmig der Drache über jeden herfalle und wie schreckenhaft er aussehe, so hoffte er doch, durch List dem Ungetüm beikommen zu können, und machte sich sogleich auf den Weg zum Schloß des Drachen, das in einem dunklen Wald lag.

Unterwegs kam er an einem Haus vorbei, vor dessen Tür ein alter Mann saß, der den Kopf auf beide Hände stützte und sehr traurig schien. »Was bist du denn so traurig?« redete der Vorübergehende ihn an.

»Ja, meine Tochter ist schon viele Jahre krank und nur der Drache könnte ihr helfen, aber...«

Da unterbrach ihn der Holzhacker: »Ich gehe jetzt eben zu ihm, vielleicht erfrage ich ein Mittel von ihm, und wenn ich wiederkomme, will ich's dir dann sagen.«

Der Holzhackersohn ging weiter und sah in einem grünen Anger eine große Menge Menschen um einen Apfelbaum versammelt. »Gefällt euch denn der Baum so gut, ihr Leute, daß ihr so hinaufschaut?« fragte er im Vorbeigehen.

»Ja, der Baum«, redete da einer von ihnen den Fragenden an, »der Baum gefiele mir freilich, wenn er wie früher goldene Äpfel trüge; aber leider treibt er jetzt nur schlechte Blätter. Wenn du aber zum Drachen gehen willst und ihn fragen, warum dies geschieht, so sollst du's mir nicht umsonst tun.«

»Ja, ja«, sagte der Holzhackersohn, »das will ich auch«, und ging weiter.

Schon sah er den dunklen Wald vor sich, über den eine Nebeldecke sich ausbreitete, und beschleunigte seine Schritte. Da gelangte er an einen Fluß, wo ein alter Fischer ihn in einem kleinen Kahn hinüberführte und ihm klagte, daß er schon so lange dieses langweilige Geschäft versehe und nie abgelöst werden könne, wenn ihm nicht der Walddrache einen guten Rat gebe. Der dienstfertige Holzknecht versprach ihm, auch sein Anliegen dem Drachen vorzutragen, nachdem er ihm erzählt hatte, warum er in den gefährlichen Wald gehe. Der gute Fischer fing fast zu weinen an, weil er sehr um das junge Leben des Burschen besorgt war. Aber er war doch froh in der Hoffnung, daß auch er noch erlöst werden könnte, und versprach ihm viel Geld zur Belohnung.

Bald fand der junge Brautwerber, weil eben jetzt die rechte Zeit war, das Schloß des Drachen. Er ging hinein und war ganz erstaunt über die große Pracht, die ihm überall entgegenstrahlte; den gefürchteten Herrn aber wurde er nicht gewahr, denn zum Glück war er eben nicht zu Hause. Der Drache hatte jedoch eine Frau, die keinem Menschen Leides, sondern nur Gutes tat. Als diese den Holzknecht sah, ging sie ihm entgegen, war sehr freundlich zu ihm, und als er ihr sein Anliegen klagte und vom traurigen Manne, vom Apfelbaum und vom Fischer erzählte, versprach sie ihm, sogar selbst seine Sache zu übernehmen, und versteckte ihn unter der Bettstelle.

Spät in der Nacht erst kam der Hausherr zurück und war heute recht wild, noch viel wilder als sonst, und sobald er ins Gemach eintrat, rief er, voll Zorn um sich blickend: »Ich schmeck', ich schmeck' einen Christen!«

»O nein«, entgegnete darauf die Frau, sich verstellend und schmeichelnd, »es ist ja niemand hiergewesen.«

Der Drache ließ es so gelten, und als die Frau ihm recht schön tat und ihn streichelte, wurde er viel zufriedener und war nicht mehr so wild und zornig. Nach einer Weile gingen sie zu Bett, und der Drache schnarchte bald und fiel in einen tiefen Schlaf. Schnell riß die Frau ihm nun eine goldene Feder aus und gab sie dem Holzhacker unter der Bettstelle. Da wachte aber der Drache auf und schrie zornig: »Wer hat ein Recht, mich zu zupfen und zu rupfen!«

»Sei nur nicht böse«, rief die Frau im Schrecken.

»Ich habe es im Schlaf getan. Mir träumte, ein alter Mann habe eine kranke Tochter. Was soll sie denn machen, damit sie wieder gesund wird?« »Die muß die Hostie, die man unter ihrem Bett versteck hat, wegschaffen, wenn sie noch gesund werden will«, antwortete der Drache und schlief wieder ein. Nun riß sie ihm die zweite Feder aus und gab sie schnell dem lauschenden Holzhacker.

»Wer hat ein Recht, mich zu zupfen und zu rupfen?« schnaubte wieder zornig der Drache.

»Sei nur still«, sagte die Frau leise. »Ich habe einen Traum gehabt von einem Apfelbaum, der früher goldene Äpfel trug; jetzt aber trägt er keine mehr. Wenn ich doch wüßte, wie er wieder fruchtbar würde.«

»Die Schlange muß ausgegraben werden, die unter dem Baum liegt und die Wurzeln benagt«, murmelte der Drache schon halb schlafend.

Jetzt ging's aufs letzte, und die Frau riß ihm auch die dritte Feder aus und machte es wie zuvor. Aber da war die Wut des Untieres aufs höchste gestiegen:

»Wer rupft und zupft mich?« schrie der Schreckliche und wollte aus dem Bett springen. Die Frau aber hielt ihn und bat: »Sei doch nicht böse, ich habe geträumt von einem alten Fischer, der immer die Leute über den Fluß führen muß und nie frei wird.«

»Er soll dem ersten, der zu ihm kommt, dieses Geschäft übergeben und davonlaufen, der dumme Alte«, schnarchte der Drache, »jetzt aber laß mich in Ruh', sonst zerreiß ich dich!« Darauf schlief er wieder ein, und der Holzhacker schlich sich ganz sachte fort und sagte auf dem Heimweg jedem den Rat, den ihm der Drache gegeben, dem Fischer aber sagte er ihn erst, als er ausgestiegen war aus seinem durchlöcherten Fahrzeug. Alle gaben ihm Gold und Silber in Menge, denn sie waren voll Freude, daß ihnen geholfen worden war.

Am meisten aber freute sich daheim die Liese, als sie den lieben Holzhacker wiedersah. Sie konnte kein Auge von ihm abwenden und hielt ihn immer bei der Hand, bis der Vater kam und nun recht gerne ja sagte; weil der arme Nachbar jetzt viel reicher war als er selbst. Die jungen Brautleute luden alle Verwandten und Freunde zur Hochzeit. Da waren alle voll Fröhlichkeit, sie selbst aber die Fröhlichsten und Glücklichsten von allen.

Der Bärenhäuter

Einmal ist ein Handwerksbursch fortgereist. Jetzt kommt er in einen Wald. Dort war ein Wasser, dort hat er gedacht: Jetzt habe ich noch ein Stückchen Brot. Jetzt werde ich das wegessen, und wer weiß, wann ich wieder was krieg' zum Essen. Jetzt hat er halt so gedacht, wo soll ich hingehen und was soll ich machen? Es geht mir schlecht. Jetzt kommt ein altes Manndl. »Na«, meint er, »wie geht's denn?«

»Ach mir geht's schlecht«, meint der Handwerksbursch.

»Ja, warum?« meint er.

»Ja«, meint er, »jetzt habe ich das letzte Brot weggegessen, und wer weiß, wann ich wieder was kriegen werde.«

»Oh«, meint er, »wenn du mir versprichst«, meint das Manndl, »ich geb dir Geld, daß du dein Lebtag genug hast, aber du mußt so tun, wie ich dir sage: Sieben Jahre nix schneuzen und sieben Jahre nix die Haare abschneiden und sieben Jahre nix waschen und sieben Jahre nix die Nägel abschneiden und sieben Jahre nix reden, nur zeigen. Wenn du mir das versprichst, da hast du einen Geldbeutel, voll mit Geld, und da kannst du herausnehmen, soviel du willst, er wird immer voll sein, immer gleich viel darin sein.«

Na, jetzt hat er gedenkt, wenn ich so viel Geld habe, ich werde es ihm halt versprechen. Und er hat ihm versprochen.

»Und in sieben Jahren, auf den Tag, kommst du wieder auf den Platz«, hat das Manndl gesagt, »da kommen wir wieder zusammen wir zwei. Und unter die sieben Jahre mußt du schon eine kriegen zum Heiraten.«

Jetzt ist der Handwerksbursch halt umhergereist in der Welt, und Geld gehabt hat er genug, halt ganze sieben Jahre. Ausgeschaut hat er erbärmlich, die Nägel an der Hand hat er schon als Spazierstock gebraucht, ausgeschaut hat er grauslig, jetzt hat er gedacht, jetzt kommt nun das siebente Jahr. Jetzt muß ich doch eine schauen zum Heiraten.

Jetzt kommt er in ein Gasthaus. Hat er gezeigt, zum Essen und zum Trinken sollen sie ihm bringen, und wie es ans Zahlen geht, schmeißt er den Geldbeutel auf den Tisch und hat bezahlt. Jetzt haben sie gedacht: Soviel Geld hat er und tut er sich nix waschen, nix putzen, nix reinigen. Was ist das für ein Mensch, ein grausliger? Jetzt hat er halt zuerst zur ältesten Tochter gezeigt, die möcht' er heiraten. »Oh«, hat sie gesagt, »so einen grauslichen Menschen, lieber nehme ich einen Strick und hänge mich auf.«

Zeigt er zu der letzten. Die letzte hat gesagt: »Lieber, als daß ich dich nehme, springe ich in den Brunnen hinab.« Jetzt hat er gedacht, das ist halt nix. Dann ist er zu der Jüngsten, sell war ein sauberes Mädel, sauberer wie die anderen, die hat alleweil spekuliert und gedacht, ach, denkt sie, wenn der so viel Geld hat, ich werde ihn schon putzen und waschen und reinigen. Jetzt hat sie ein Sacktuch gehabt, da ist an jedem Eck ihr Name gestanden, das hat sie zerrissen, und die eine Hälfte hat sie gegeben und die andere Hälfte hat sie behalten, dann hat sie einen Fingerring gehabt, hat den gekonnt entzweiteilen und hat die Hälfte sie behalten und die andere Hälfte er. Jetzt ist er fort von dort, und jetzt haben sie die so gepeinigt, die ihm das versprochen hat, das Heiraten, daß es nicht mehr zum Aushalten war, daß sie so einen Loter genommen hat, so einen grauslichen.

Sie war aber nur ruhig und hat nichts gesagt. Jetzt hat er gedacht, jetzt kommt der Tag, jetzt heißt es wieder schauen, daß er hinkommt an den Platz, sieben Jahre sind aus.

Jetzt kommt er hin an den Platz, hat das Manndl dort schon gewartet mit einem weißen Schimmel. »Na, hast eine gekriegt zum Heiraten! Jetzt kannst reden.«

Meint er: »Ja, ich habe eine gekriegt.«

Jetzt hat er ihm die Haare geschnitten und die Nägel geschnitten und geputzt und gewaschen und alles gereinigt und einen neuen Anzug, Stiefel, eleganten Hut, gerüstet hat er ihn. Dann hat er gesagt: »Jetzt kannst du den Schimmel nehmen«, hat er gesagt, »und aufsitzen, der gehört dir, und den Geldbeutel kannst du behalten. Der hat immer gleich viel darin, kannst herausnehmen, soviel du willst. Er wird immer voll sein. Jetzt kannst du zu deiner Braut hinreiten und heiraten«, hat er gesagt.

Jetzt reitet der Bursch halt fort zu dem Gasthaus. Wie er zu dem Gasthaus kommt, haben sie dort den Reiter schon kommen sehen. Haben sie die Tochter geholt. »Wer kommt heute zu uns?« hat sie gesagt, »so ein eleganter Mensch ist bei uns nie eingekehrt.«

Er hängt den Schimmel an vor dem Gasthaus und geht hinein ins Zimmer. Jetzt hat sie gegrüßt dort, gekannt hat ihn niemand. Jetzt fragt er die Jüngste, ob sie ihn kennt. »Nein«, hat sie gesagt, sie kennt ihn nicht.

Jetzt nimmt er die Hälfte Sacktuch heraus, ob sie die Hälfte habe, daß sie zusammenpassen. Da haben sie zusammengepaßt. Nimmt er den Ring heraus, die Hälfte, und haben ihn zusammengetan. Ja, stimmt. Die älteste ist in den Brunnen hinabgesprungen vor lauter Harte*, die eine hat sich aufgehängt, und die dritte hat sich mit dem Messer erstochen. Und die leben noch heute gut, wenn sie noch leben.

* Herzeleid

Der Müllerbursch und die Katze

Kam einmal ein Mühlknecht zu einem Müller und bat ihn, er möchte ihm doch Arbeit geben, er sei schon lange Zeit gewandert und wolle sich nun wieder ein paar Kreuzer verdienen. Der Mühlknecht gefiel dem Müller, denn er war ein flinker, kräftiger Bursche, und er hätte ihm sogleich Arbeit gegeben, wenn ihm nicht ein sonderbares Bedenken in den Kopf geschossen wäre. Er kratzte sich eine Zeitlang hinter den Ohren und rückte dann langsam mit seiner Meinung heraus: »Ja, ich brauche jetzt freilich einen Mühlknecht, und es stand mir nicht leicht einer so gut zu Gesicht wie eben du. Aber noch hat's ein ander's Hackele.«

»Was denn für eins?« fragte hastig der Müllerbursch.

»Ja, du wirst mir's vielleicht nicht glauben wollen, aber es ist doch so, wie ich sage. Sooft ich noch einen Mühlknecht in der Mühle schlafen ließ, wurde er am anderen Tag tot gefunden. Was eigentlich dahintersteckt, konnte ich noch nie erfahren, aber es ist einmal so.«

»So weit hat's noch nicht herabgeschneit, daß sich unsereiner fürchtet«, erwiderte lachend der Mühlknecht. »Da laßt nur mich machen, ich bin nicht von ›Schreckbichl‹ zu Haus.«

»Nein, wäre doch jammerschade um dein junges Leben«, meinte der Müller, »und wo noch keiner davongekommen ist, da wird mit dir nichts Besonderes gemacht werden.«

»Kurz und gut, ich fürcht' mich nicht, und ich bleibe bei Euch, wenn Ihr mir Arbeit gebt.«

»Wenn du durchaus dein Leben aufs Spiel setzen willst, so

bleib halt. Angehen tut's dich«, erwiderte halb froh und halb zornig der Müller.

Der neue Mühlknecht ging nun in die Mühle und arbeitete trotz einem. Als es nachtete, legte er sich ein wenig nieder, ließ aber keinen Schlaf über seine Augen kommen und schaute und schaute, was denn etwa in der Mühle spuken möchte. Auf einmal kam eine große, schöne Katze auf ihn zugeschlichen und miaute und stellte den Buckel auf und wedelte langsam mit dem Schweif und schlich immer um den Mühlknecht herum, so daß dieser genug zu tun hatte, das unheimliche Vieh von sich abzuwehren. Wie aber das: »Gsch!« und »Mach dich!« und solche Sprüche nicht helfen wollten, wurde er über und über zornig, faßte die Katze beim Schweif und warf sie weit von sich weg. Nun »maunelte« die Katze wieder zur Tür hinaus, der Mühlknecht aber dachte sich: »Warte du, komm' mir noch einmal«, legte sich auf ein Ohr und konnte ungestört schlafen.

Morgens in aller Frühe kam der Müller und wollte nach dem Leichnam des Mühlknechtes sehen. Wie machte er aber große Augen, als ihm der Bursche singend und pfeifend entgegenkam und die Geschichte von der Katze erzählte.

Als es wieder Abend wurde, holte sich der Mühlknecht ein kleines Beil, und das versteckte er in seinem Bett. Bald war es Nacht, der Bursche legte sich nieder, und die Katze schlich wieder miauend heran. Der Mühlknecht scheuchte sie diesmal nicht von sich, sondern tat ihr schön und suchte sie immer näher und näher zu sich heranzulocken. Wie sie eng an seinem Bett stand, zog er flink das Beilchen heraus und schug ihr lachend eine Vorderpfote ab. »So, nun werde ich Ruhe haben«, meinte er und legte sich wieder in seinem Bett zurecht. Die Katze aber hinkte mit erbärmlichem Miauen auf drei Beinen zur Tür hinaus.

Morgens in aller Frühe kam wieder der Müller, um nach

seinem Burschen zu sehen. Dieser war seinen Meister kaum ansichtig geworden, da schrie er schon voll Freude: »Da seht einmal, was die Bestie zurückgelassen hat. Die kommt zu mir gewiß nimmer.« Mit diesen Worten zeigte er dem Müller die Pfote, die er der Katze abgehackt hatte. Der Müller »lachte sich den Buckel voll an« und konnte sich über seinen neuen Mühlknecht nicht genug freuen. Als er genug gelacht hatte, ging er wieder seiner Wege, und der Vormittag verging wie andere Male, nur wunderte es den Meister, warum sich heute sein Weib gar nicht sehen ließ.

Es wurde endlich Mittagszeit, und in der Küche brannte noch kein Feuer. Da ging dem Meister die Geduld aus und er schrie in allen Ecken und Enden nach seiner »Alten«. Die Meisterin aber kam nicht und gab auch keine Antwort. Endlich ging der Müller in die Schlafkammer hinauf und fand die Seinige noch im Bett. »Was tust du denn? Es ist schon Mittagszeit, und in der Küche drunten brennt noch kein Spänlein.« »Ich kann heute nicht kochen, mir fehlt etwas.« Der Müller war neugierig, was denn das sei, da bemerkte er, daß sein Weib mit den Armen so verzagt tat, und auf einmal sah er, daß ihr eine Hand abgehackt war. »Aha«, dachte er sich, »das fehlt dir«, und lief zornig über die Stiege hinab und erzählte dem Mühlknecht, was er gesehen habe. Der Bursche merkte wohl auch sogleich, daß die Katze niemand anders gewesen war als die Meisterin und daß diese eine böse Hexe war.

Der Ziegenhirt

Es war einmal ein armer Holzhacker, der lebte sehr sparsam mit seiner Frau und seinem Kind, denn nur mit der größten Anstrengung konnte er sich und den Seinigen den nötigsten Lebensunterhalt verschaffen. Als er aber starb, härmte sich die Frau so ab, daß sie ihm bald nachfolgte und Seppl, so hieß das Kind, ganz einsam und verlassen dastand. Nachdem es zwei Tage und zwei Nächte an dem Grab seiner Eltern geweint hatte, machte es sich auf, um aus dem Wald zu kommen, den es früher noch nie verlassen hatte, und wollte durch seiner Hände Fleiß sich das Notwendigste verdienen.

Da kam Seppl an eine breite Straße, auf der er getrost weiterging, und gelangte nach langem Wandern in eine große, schön gebaute Königsstadt. Hier fragte er fast in jedem Haus, ob er nicht Arbeit bekommen könne, er verlangte nichts als die notwendige Nahrung, aber überall wies man den zerlumpten, furchtsamen Knaben ab, so daß er traurig und hungrig jede Hoffnung aufgab, sich in einem abgelegenen Winkel verbarg und herzzerbrechend weinte.

Nachdem er so die ganze Nacht mit Weinen zugebracht, raffte er sich am Morgen auf, um zum letzten Mal zu versuchen, ob er nicht Arbeit bekommen könnte. Er ging auf ein großes, schönes Haus zu, in dem der König wohnte, und fragte nach Arbeit. »Ja«, sagte man zu ihm, »wenn du die Ziegen hüten willst, so kannst du schon bleiben, sonst braucht man dich nicht.« Seppl ging freudig auf den Vorschlag ein.

Als der König erfuhr, daß sich ein Ziegenhirt gemeldet habe, war er herzlich froh, denn er glaubte nicht, daß noch einer kommen würde, da schon so viele ihr Leben mit dem Hüten eingebüßt hatten. Er ließ deshalb den Knaben zu sich rufen und sprach zu ihm:

»Wenn du fleißig dein Geschäft verrichtest, so bekommst du eine neue Kleidung, gute Nahrung und am Ende eines jeden Jahres einen großen Lohn. Aber merke wohl, was ich dir sage: Die Ziegen mußt du auf den Berg bei der Stadt treiben, wo das prächtige Schloß steht. Um das Schloß herum befinden sich schöne Gärten, Felder und Wiesen, die nur durch einen schwachen Zaun vom Wald getrennt sind, wo du die Ziegen hüten mußt. Die darfst du aber nicht in die fetten Felder und Wiesen hinein- und darauf weiden lassen; wenn das geschehen sollte, wird der Herr des Schlosses, ein furchtbarer Riese, erscheinen und dich in viele Stücke zerreißen. Er beobachtet dich immer, nur eine kurze Zeit des Morgens ausgenommen, wenn er schläft.« Nach diesen Worten entließ der König den Knaben.

Dieser, froh, einen Dienst erhalten zu haben, sprang sogleich in den Ziegenstall, um sich mit seinen Pflegebefohlenen vertraut zu machen. Er blieb den ganzen Tag bei ihnen, ja, er schlief sogar im Stall, eine solche Freude hatte er an seinen Tierlein, und so gerne hörte er ihr Meckern.

Morgens stand er in aller Früh auf und trieb seine Herde froh und munter den Berg hinan, die nötigen Lebensmittel trug er in der Tasche. Vor dem Riesen hatte er keine Furcht; denn er nahm sich vor, die Ziegen weit vom Schloß weg in den Wald hineinzutreiben. Als er aber oben ankam, liefen alle zum Schloß hin, denn sie kannten die fetten Wiesen nur zu gut –, so daß Seppl den ganzen Tag atemlos laufen mußte, um sie abzuwehren. Den Riesen aber sah er nicht.

Als er seine Herde nach Hause getrieben, lobte ihn der König sehr, daß er so achtsam gewesen, und gab ihm einen Taler.

Die ganze Nacht hindurch kam aber dem Seppl das Schloß samt dem Riesen nicht mehr aus dem Kopf; er wollte, er mußte alles sehen. Deshalb trieb er am andern Tag in aller Frühe seine Ziegen auf den Berg, überließ sie ihrem Schicksal und schlich sich ganz heimlich ins Schloß. Aber wie erstaunte er über die Pracht und Herrlichkeit, die er im Schloß fand, wo Tür und Tor ihm offenstanden. Sein Auge wurde geblendet vom Schimmer des Goldes, des Silbers und dem Glanz der Edelsteine, die haufenweise dalagen, sowie von den blanken Rüstungen, die an den Wänden hingen. Er ging von einem Saal in den andern und fand schließlich den Riesen, auf einem Bett dahingestreckt, im tiefen Schlaf; neben ihm befand sich seine herrliche Rüstung. Seppl erschrak anfangs über das Ungeheuer mit seinem furchtbaren Gesicht, besann sich aber nicht lange, sondern ergriff mit beiden Händen des Riesen Schwert und hieb ihm den Kopf ab. Kaum hatte er dies vollbracht, so stand ein kleines Männlein vor ihm, verneigte sich tief, begrüßte ihn als den Herrn des Schlosses samt allem, was darin und darum herum war, und fragte, was er befehle.

»Jetzt will ich etwas Ordentliches zu essen und zu trinken«, war die Antwort.

Kaum hatte Seppl das gesagt, so verschwand das Männlein, kehrte aber bald mit Speise und Trank zurück.

»Während ich mich hier nun sättige«, sprach Seppl, »sieh dich um meine Ziegen um, treib sie in die Schloßfelder herein und gib auch wohl acht darauf!«

Aber nicht bloß während des Essens und Trinkens mußte das Männlein die Ziegen hüten, sondern auch noch so lange, als Seppl das Schloß besichtigte. Spätabends löste er erst das Männlein ab, das zu ihm sagte: »Wenn du meiner bedarfst, so stampfe nur in dem Zimmer, wo du den Riesen getötet hast, mit dem Fuß dreimal auf den Boden, und ich werde sogleich zu Diensten stehen.«

Darauf verschwand es.

Lustig und munter trieb Seppl seine Herde nach Hause; doch war er klug genug, von seinem Abenteuer nichts auszuschwätzen.

Täglich trieb er seine Herde auf den Berg, ging in sein Schloß, stampfte mit dem Fuß dreimal auf den Boden, das Männlein mußte ihm dann Essen und Trinken bringen und während des Tages die Ziegen hüten. Und so trieb er es längere Zeit fort. Die Ziegen wurden fett, gaben sehr reichlich Milch, und der König war dem Hirten, der unterdessen bei guter Kost zu einem schönen, starken Jüngling herangewachsen war, wegen seines Diensteifers sehr gewogen.

Der König hatte eine wunderschöne Tochter, um deren Hand sich viele beworben hatten; aber immer vergebens, denn sie war dem schönen Hirten sehr in Liebe zugetan und hätte niemanden lieber geheiratet als ihn, wenn er nur von besserer Abkunft gewesen wäre. Weil sie keine Hoffnung hatte, ihren Wunsch je erfüllt zu sehen, verschmähte sie jeden Freier. Da jedoch der König einen Nachfolger wünschte, so schrieb er ein großes Turnier aus, und der Ritter, der drei Tage nacheinander die übrigen Bewerber aus dem Sattel heben würde, der sollte mit der Hand der Tochter nach des Königs Tod auch den Thron erhalten.

Alle Vorbereitungen wurden aufs beste getroffen, und mit Freude sah man überall diesem Fest entgegen, nur die Königstochter war trauriger und in sich gekehrter als jemals zuvor.

Am Tag des Turniers, während der König mit seiner Tochter, den Rittern und Großen des Reiches nach dem Kampfplatz zog, trieb Seppl scheinbar ganz unbekümmert um alles, was vorging, seine Herde auf den Berg, trat aber schnell ins Schloß und forderte vom dienstbeflissenen Männlein, ihm sogleich einen Schimmel und eine stahlblaue, kostbare Rüstung zu bringen. Wie befohlen, so geschah es. Das Männlein brachte die verlangte Rüstung samt Helm mit wallendem Federbusch, ein Schwert und eine große Turnierlanze; im Hof stand ein mutiger Schimmel, kostbar geschirrt.

Seppl rüstete sich mit Hilfe des Männchens und schwang sich auf den Schimmel, jagte den Berg hinab und erschien zum Erstaunen aller spät und ganz unbekannt auf dem Platz. Auf der entgegengesetzten Seite stand der bisherige Sieger. Ihn forderte Seppl zum Kampf heraus, dann legte er die Lanze ein, sprengte gegen ihn und warf ihn aus dem Sattel weithin in den Sand. Unter allgemeinem Beifall sprengte er durch die Stadt dem Schloß zu. Er war schon entschwunden, bevor man vor Verwunderung sich zu sammeln imstande war. Alles Nachforschen nach dem unbekannten Ritter war vergebens. Denn Seppl trieb spätabends in seiner gewöhnlichen Kleidung die Herde nach Hause.

Am zweiten Tag begann das Turnier aufs neue. Wieder trieb Seppl die Herde auf den Berg und forderte eine silberne Rüstung samt einem Rappen, sprengte den Berg hinab in die Mitte des Kampfplatzes, warf den Sieger des Tages aus dem Sattel und jagte auf und davon, ohne von den Reitern eingeholt zu werden, die der König aufgestellt hatte. Auf Umwegen gelangte Seppl ins Schloß.

Noch größer war an diesem Tag die Verwunderung des Königs, aber auch seine Betrübnis; die Tochter hingegen freute sich, weil sie dadurch die lästigen Freier loszuwerden hoffte. Am dritten und letzten Tag erschien Seppl in einer goldenen Rüstung auf einem braunen Pferd. Auch diesmal stach er den Sieger des Tages aus dem Sattel, wurde aber von ihm an der Wade verwundet. Auch diesmal war das Verfolgen umsonst; er kam auf Umwegen und ungesehen ins Schloß. Als er aber seine Herde nach Hause trieb, hinkte er wegen der Wunde.

Der König erblickte ihn und ließ ihn zu sich rufen: »Was ist dir passiert, daß du so hinkst?« fragte der König freundlich. Seppl wollte mit der Sprache nicht heraus; aber durch die Bitten der Tochter wurde er endlich bewogen, sein Abenteuer mit dem Riesen und die Vorfälle beim Turnier zu erzählen. Voll Freude fiel ihm die Königstochter um den Hals, denn jetzt war ja ihr Bräutigam derjenige, nach dem sie sich so herzlich gesehnt hatte. Aber auch der König war voll Freude über einen so stattlichen Eidam. Unter frohen Festen, bei Musik und Tanz wurde die Hochzeit vollzogen. Lange noch lebte der König, und nach ihm herrschte viele Jahre der Ziegenhirt, geehrt von allen und bei seinem Tod tief betrauert.

Der dumme Hansl und die Königstochter

꙳ꙮ꙳ꙮ꙳ꙮ꙳

Ein Bauer hatte drei Buben, zwei gescheite und einen dummen, der Hansl hieß. Wie nun der Vater die Augen für immer zugetan hatte, teilten die beiden gescheiten Söhne das Erbe unter sich und sagten zum Hansl: »Hansl, du bist in der Wirtschaft der liebe Niemand, schau, daß dir anderswo der Weizen blüht!« und jagten ihn vom Hause fort. Der Hansl wollte sich schon helfen und ging singend von dannen, als wäre die ganze Welt sein eigen. Da kam er auf eine Wiese, wo es viel Heustiffeln gab, mit frischem Heu behangen, und weil es schon dunkel war, trug er sich so viel Heu zusammen, daß darauf gut liegen war, und legte sich schlafen.

Um Mitternacht aber trug es sich zu, daß ein großer Leiterwagen auf die Wiese gefahren kam, an den waren sechs Rappen gespannt, die alle Feuer bliesen, und der Fuhrmann war ein greulicher Riese. Der begann alsbald mit einer silbernen Heugabel das Heu aufzuladen, packte auch den Hocker, worauf der Hansl schlief, und schubste beide auf den Wagen hinauf zum anderen Heu. Und weil Hansl seinen rechten Fuß gerade unter dem Wiesbaum hatte und der Fuhrmann den Baum tief in die Ladung preßte, hätte der arme Junge laut aufschreien mögen vor Schmerz, aber er getraute sich nicht und blieb fein still.

Als nun das Fuder voll war, fuhr der Wagen ab und zu einem unterirdischen Schloß, das nicht weit weg lag. In demselben lud der Riese das Heu ab und damit auch den Hansl. Darauf ging er zu Bett und legte neben sich sein langes Schwert, zog auch aus dem Leibgurt zwei goldene

Schlüssel, die er unter das Kopfkissen steckte, und schlief ein.

Als der Hansl den Riesen schnarchen hörte, kroch er aus dem Heu, schlich zur Bettstatt des Riesen, faßte das Schwert und hieb ihm stracks den Kopf herunter. Darauf nahm er die Schlüssel und öffnete das Nebengemach. Wie staunte der Dumme, als er hier die Wände von lauter Gold und Silber schimmern sah, als wär' es heller Tag! Mitten im Gemach aber lag eine große Trommel. Der Hansl wollte wissen, was für einen Ton das Instrument wohl gebe, war nicht faul und schlug so kräftig darauf, daß es war, als ob ein Donnerwetter anzöge. Im selben Augenblick stand auch schon ein winziger Mohr in rotem Röcklein und mit einem grünen Käpplein auf dem Kopf mitten im Gemach. Das Männlein verneigte sich vor dem Hansl und fragte, was zu Befehl stünde. Auf die Frage, wer er sei und woher er komme, antwortete es: »Ich bin der König des Zwergenreiches, das diesen Berg zueigen besessen hat, bis uns der Riese dienstbar machte; da du den Riesen überwunden hast, müssen wir dir untertan sein.«

Auch nicht übel, dachte sich der Hansl und befahl dem Mohren, alle Zwerge seines Reiches ihm zur Musterung vorzuführen. Der König gehorchte und brachte im Nu viel tausend kleine Leute herbei, die sich alle wohlgeordnet in Reih und Glied vor ihm aufstellten. Der Hansl musterte sie also mit einer Miene, daß kein Kaiser eine gewichtigere aufbringt, teilte jedem seine Rolle zu und gab dem Winzigsten, weil er so klein war, daß er durch alle Ritzen und Löcher kriechen konnte, den Befehl, auszugehen und ihm jeden Abend zu berichten, was draußen im Reich der Menschen tagsüber sich ereignet habe.

Es stand aber nicht weit davon ein Königsschloß, in dem wohnte eine Prinzessin, so schön von Angesicht, daß jedem, der sie ansah, das Herz im Leibe zu zerspringen drohte. Und es kamen viele Ritter und Grafen und Königssöhne, um die Jungfrau zu werben, und weil sie der König keinem gönnte, ließ er einen Berg machen, ganz aus Glas und inwendig hohl, und verkündete, daß nur derjenige die Tochter bekomme, der auf den gläsernen Berg reite bis auf den Gipfel. Oben ließ er aber eine gläserne Burg aufstellen, die kunstvollste, die je von Glas gearbeitet worden, und darin nahm die Prinzessin Wohnung. Da wurde die Neugierde und Lust der jungen Ritter noch viel mehr angeregt, als man ihnen vom gläsernen Berg erzählte und der gläsernen Burg auf dem Gipfel und von den Vögeln und dem Gewilde und andern wunderbaren Tieren, die auf des Berges Abhang zu sehen waren, und ein jeder wollte die Königstochter gewinnen. Und sie sprengten auf raschen Gäulen den gläsernen Hang empor, jeden Tag einer, und jeden Tag lag einer mit zerschmetterten Gliedern unten neben seinem zerschellten Roß. Das sah von oben die Prinzessin und trug deswegen schweren Kummer im Herzen.

Eines Abends kam das Zwerglein aus dem Reich der Menschen wieder heim und erzählte dem Hansl, was es gehört von dem Ritt auf den gläsernen Berg, und setzte hinzu, daß man leicht zur Prinzessin käme, wenn man nur wüßte, wie es anzustellen wäre.

»Und was muß der tun?« fragte Hansl den Kleinen.

»Was der tun muß«, entgegnete der Zwerg, »will ich Euch gerne sagen. Es muß einer einen goldenen Harnisch anhaben und sein Roß diamantene Nägel in den Hufeisen. Dann muß er im Hinaufreiten Goldstücke unter die unten stehenden Armen werfen, und hat er glücklich den Gipfel erreicht, so darf er die ihm entgegeneilende Prinzessin nicht gleich küssen, sondern muß vorher dreimal um das gläserne Schloß herumreiten. Dann erst darf er die Jungfrau begrüßen und als sein eigen betrachten.«

Wegen der Rede des Zwergleins war der Hansl nicht traurig und sprach, als jener kaum ausgeredet: »Da muß ich mein Glück machen; ich setze mein Leben dran, daß ich die Jungfrau erlange. Du bist mein getreuer Untertan und mußt mir helfen.«

Der Zwerg wollte ihm abraten, allein Hansl ließ sich nicht irre machen, denn er hatte es sich einmal in den Kopf gesetzt, nach der Prinzessin zu reiten. Und so ließ er alle Zwerge zusammenkommen und teilte ihnen seinen Entschluß mit; sie mußten nun Tag und Nacht arbeiten, bis die herrlichen Sachen fertig waren, die er brauchte. Sodann brach er auf und ritt, bis er zum gläsernen Berg kam. Da stand schon, wie alle Tage, um den Berg herum eine Menge neugierigen Volkes, und jedermann sperrte Augen und Mund weit auf, als der Hansl auf prächtigem Schimmel mit goldenen Hufeisen und diamantenen Nägeln darin, selber im goldenen Harnisch gekleidet und einen goldbestickten Säckel voll blanker Dukaten umgehängt, ohne langes Besinnen den gläsernen Berg hinaufsprengte und im Reiten Goldstücke unter die Leute regnen ließ. Und wie die Königstocher von oben herab durch den Berg den stattlichen Ritter erblickte, da konnte sie sich vor Freude nicht sattsehen am Hansl und an seinen Goldsachen. Und weil die diamantenen Nägel scharf ins Glas bissen, konnte der Schimmel nicht abstürzen, und Hansl bewunderte mit der größten Ruhe die Vögel, das Gewild und die andern wunderbaren Tiere des Berges. Und durch das Glas konnte er schon die Prinzessin erblicken und den goldenen und silbernen Hausrat in der Glasburg, Tische und Stühle, Becher, Schüsseln und Kannen, Spiegel und Kronleuchter und alles.

Über eine kleine Weile war er oben, und die Prinzessin hatte ihr schönstes Kleid angetan und stand schon vor dem gläsernen Burgtor. Hansl jedoch winkte nicht und nickte nicht und ließ den Gaul noch einmal ausgreifen um das Schloß herum. Es ging schwer, und ganze Stücke Glas brachen unter den Hufen los, aber zuletzt gelang auch der

Umritt, und wie der Hansl das dritte Mal zum Tor gelangte, sprang er flink ab und küßte seine Braut. Wie der König das hörte, kam er mit der Königin auf den Berg und richtete seiner Tochter mit dem schmucken Hansl im goldenen Harnisch die Hochzeit aus, und alle saßen vergnügt, aßen und tranken und waren voller Freude. Und willst du wissen, wie's weitergeht, mußt du warten, bis der Hansl vom Mahl aufsteht, um über Zaun und Graben den Glasberg herabzutraben.

Nadel, Lämmlein und Butterwecklein

Es war einmal ein Vater und der hatte drei Söhne. Der Vater war aber arm, und da klopfte die Not manchmal an die Tür des Hüttchens, und der Hunger war oft ihr Schlafgeselle.

Einstens ging es dem Vater und den drei Knaben gar hart, und da sagte der Älteste: »Ich will mich aufmachen und in die weite Welt ziehen, um etwas zu verdienen; wer weiß, wo mir mein Glücksstern aufgeht.«

Der alte Vater war damit zufrieden, und der älteste Sohn machte sich auf den Weg und wanderte gar weit fort, und wohin er immer kam, fragte er nach einem Dienst, konnte aber lange, lange Zeit keinen finden. Endlich traf er einen steinreichen Herrn an, der Geld wie Laub hatte, und dieser stellte den bittenden Jungen als Gänsehirten an.

»Aber eines mußt du mir versprechen«, sagte der alte, reiche Herr.

Der läppische Junge sagte hastig »Ja«, ehe er noch von dem, was er versprechen sollte, etwas wußte.

»Wenn du draußen in der Au die Gänse hütest und aus dem nahen Waldschlößchen Gesang hörst, so laß es dir beileibe nicht einfallen, lauschen zu gehen«, fuhr der Herr fort. »Wenn du nur einmal horchst, müßte ich dich aus dem Dienst jagen.«

Bei allen Heiligen im Himmel versprach der Gänsehirte nun, in alle Ewigkeit nie zu lauschen. Es hüpfte ihm vor Freude nun das Herz, als er sein Brot gefunden hatte, und froh und munter trieb er die schwarzen und weißen Gänse auf die Weide in die Nähe des Waldes hinaus.

Der neue Hirte hatte an den vielen Gänsen seine Freude und dachte, er wolle sich schon gut aufführen, damit er immer hierbleiben könne. Als der Mittag nahte und es immer heißer und heißer zu werden anfing, ging er zum Wald hin und legte sich unter der ersten Tanne ins Gras. Er hatte noch nicht lange im kühlen Schatten geruht, als die Äste des Baumes ganz wundersam zu säuseln anfingen, und aus der Tiefe des Waldes klangen so süße Zauberklänge, daß dem Knaben seltsam ums Herz wurde. Es kam ihm vor, als ob er die himmlische Musik hörte, und er lauschte und lauschte, so daß ihm am Ende die Sinne vergingen und er nimmer wußte, wo er weilte. So lag er im Klee da, bis es Abend wurde. Als es schon anfing zu dunkeln und es Ave Maria läutete, wachte er erst auf. Allein, o Schrecken und Jammer! – Da wackelten auf der Wiese wohl einige Gänse herum, allein die meisten waren verschwunden. Der Hirte lief nun nach allen Seiten, um die fehlenden Tiere zu suchen und sie zusammenzutreiben. Umsonst. Er mochte laufen und springen, beten und fluchen – es half alles nichts, und die Gänse kamen nicht wieder zum Vorschein.

Dem Knaben war nimmer wohl, er weinte sich die Augen rot, und als er kein Mittel sah, beschloß er endlich, die noch vorhandenen Gänse zum Schloß zurückzutreiben. Da wurde er immer trauriger, je näher er zum Schloß kam. Kaum war er dort angekommen und hatte die Gänse eingetan, so ließ ihn der alte Herr rufen. Zitternd stieg der arme Junge die Stiege empor und trat noch zitternder in den prachtvollen Saal, wo der Gebieter seiner wartete.

Kaum war er eingetreten, so fuhr ihn der Herr mit barscher Stimme an: »Ich hatte Mitleid mit dir, aber du hast es mir mit Undank und Untreue gelohnt. Wir sind geschieden, du mußt heute noch aus dem Schloß!«

Der Knabe fing an zu bitten und zu flehen, daß es hätte

einen Stein erweichen mögen; allein der Herr fühlte kein Erbarmen, nur eine goldene Stecknadel nahm er aus einem Kästchen hervor und gab sie dem weinenden Jungen zur Erinnerung.

Der arme Knabe steckte die goldene Stecknadel an seine Juppe und sagte mit schwerem Herzen dem Schloß Lebewohl. Er wollte nun wieder nach Hause, um seinem Vater die goldene Stecknadel zu zeigen, und wanderte durch Feld und Tal. Einmal kam er zu einem Weg, der steil den Berg hinanstieg und zu einem einsamen Gehöft führte. »Ah, da oben kann ich einen Schluck Milch bekommen«, dachte sich der durstige Wanderer und stieg bergan.

Wie er ein Stück gegangen war, kam er zu einem Bauern, der ein Heufuder hinaufführen wollte und dieses rückte nicht von der Stelle. Der Bauer schalt und fluchte und schlug die armen Öchslein, allein diese brachten den Wagen nicht weiter. »Ha, hilf mir ein wenig schieben!« bat der Bauer.

Unser Junge war nicht ungefällig, schob aus Leibeskräften, und das Fuder ging weiter. Als man beim Hof angekommen war, bekam er Milch, soviel er wollte, und trank in voller Lust. Wie er aber wegging, da merkte er, daß er seine Goldnadel verloren hatte, und war ganz traurig und niedergeschlagen. So ging er seiner Wege fort und wanderte und wanderte, bis er nach Hause kam. Als er daheim war und in der Stube saß, da sahen seine Leute, daß er so traurig war, und niemand konnte sich seine Niedergeschlagenheit erklären. Endlich fragte ihn der Vater: »Was fehlt dir, daß du so sauer dreinsiehst wie ein Apfel um Jakobi?«

Da erzählte er nun, daß er so eine schöne goldene Nadel gehabt habe, und da sei er zu einem Heufuder gekommen, das sei aber steckengeblieben. Da habe er mit der Stecknadel schieben geholfen und habe dieselbe im Heu verloren. Wie sein jüngerer Bruder das gehört hatte, wurde dieser böse und sagte: »Hättest du dir die Nadel doch auf den Hut gesteckt!

Jetzt geh ich hin zu deinem Herrn, und was er mir zum Lohne gibt, mach ich mir auf den Hut, damit ich es ganz sicher und gewiß heimbringe.«

Am anderen Tag frühmorgens machte er sich auf und wanderte lustig fort, bis er zu dem steinreichen Herrn kam. Er hielt bei ihm um einen Dienst an, und der Herr stellte ihn, wie seinen Bruder, als Gänsehirt an. »Aber eines mußt du mir versprechen«, sagte der reiche Mann. »Wenn du draußen auf der Au die Gänse hütest und du aus dem nahen Waldschloß Gesang hörest, so lasse es dir beileibe nicht einfallen, lauschen zu gehen, denn sonst muß ich dich aus dem Dienst jagen.«

Der Bursche versprach es hoch und teuer und trieb nun die Gänse auf die Au hinaus, die an den Wald grenzte. Er hatte seine Freude daran, wenn die fetten Gänse so vor ihm herwackelten, und kam sich reich vor wie ein König. So hatte er es schon einige Tage getrieben und ihm war nichts Ungewöhnliches begegnet. Wie er aber wieder einmal draußen unter dem Tannenbaum lag und so in den blauen Himmel hinaufschaute, da hörte er plötzlich eine sehr schöne Musik. Anfangs schien sie gar ferne zu sein, allein sie kam immer näher und näher und wurde schöner und voller. Der Knabe dachte wohl an die Worte seines Herrn und wollte nicht auf die Klänge hören. Als die Musik aber immer herrlicher wurde, konnte er der Lockung nicht mehr widerstehen und lauschte nach Herzenslust. Es kam ihm vor, als ob Gott Vater selbst nicht schöner musizieren könnte, und er vergaß darüber Gänse und Wiesen, Hüten und Essen.

Als er wieder zu sich kam, war die Sonne schon untergegangen und es begann schon dunkel zu werden. Da dachte er gleich an seine Gänse, aber diese waren dahin und dorthin verlaufen. Er suchte nun an allen Ecken und Enden, konnte aber die Verlorenen nicht finden. Da wurde es ihm gar schwer ums Herz, und die Tränen kugelten über seine Wangen herunter. Er trieb die noch übrigen Gänse zusammen und dem Schloß zu. Er hatte die Herde noch nicht in den Stall getrieben, als ein Diener ihm entgegenkam und ihm sagte, er solle gleich zum Herrn kommen. Mit schlotternden Füßen stieg der arme Bursche die Stiege empor und trat in den prachtvollen Saal, wo ihn der Gebieter erwartete. Kaum war er eingetreten, so fuhr ihn der Herr mit barscher Stimme an: »Ich erbarmte mich deiner und habe dich in den Dienst genommen, aber du hast es mir mit Undank und Untreue gelohnt. Wir sind geschiedene Leute. Du mußt heute noch aus dem Schloß.«

Der Knabe fing nun zu weinen und zu bitten an, daß es einen Felsen hätte rühren mögen. Der Schloßherr war aber von seinem Entschluß nicht abzubringen. »Ich kann und darf dich nicht mehr im Schloß behalten«, sprach er. »Doch damit du nicht ganz leer von mir gehst, gebe ich dir ein Lämmlein mit.« Er klingelte einem Diener und befahl diesem, dem Knaben das Lämmlein zu geben. Der Diener ging und der weinende Junge mit ihm. Im Hof drunten bekam er nun ein Lämmlein. Das war so weiß wie der frischgefallene Schnee und hatte eine Wolle so fein wie die feinste Seide. Er dankte und ging nun mit dem schönen Lämmlein zum Schloß hinaus. Wie er aber vor dem Tor war, fiel ihm ein, daß sein Bruder die Goldnadel nicht verloren hätte, wenn er sie auf seinen Hut gesteckt hätte. Er nahm nun das Lämmlein und setzte es auf seinen Hut.

So wanderte er nun der Heimat zu und freute sich seines Lämmleins. Da kam er zu einem Bach, über den nur ein schmaler Steg führte. Er ging nun über den Steg, allein ein Tannenast, der herniederhing, streifte ihm Lämmlein und Hütlein ab, und beides fiel in den Bach und dieser trug es fort. Da war der Junge sehr traurig und wußte sich nicht zu

trösten. Er ging und ging, bis er nach Hause kam. Da fragte ihn aber der Vater: »Wo hast du deinen Lohn?«
Der Knabe begann nun zu weinen und erzählte dem Vater und den Brüdern, wie er's Lämmlein verloren habe, obgleich er's auf dem Hut gehabt hätte. Da lachte der Älteste ihn aus, und der jüngste Bruder sagte: »Hättest du dir ein Stricklein gekauft und das Lämmlein darangehängt und geführt, hättest du es gewiß nicht verloren. Jetzt mache ich mich auf und werde gewiß nicht aufs Singen hören. Und was ich verdiene, das werde ich gewiß an einem Strick heimführen, daß ich gewiß nicht drumkomme. Dann wollen wir uns gütlich tun und wohl sein lassen.«
Tags darauf macht sich der Jüngste nun auf die Beine und wanderte, bis er zum Schloß kam. Dort ließ er sich bei dem Grafen melden und bat um einen Dienst. »Ja«, sprach der Graf, »du kannst mein Gänsehirt werden. Allein eines mußt du mir versprechen. Wenn du im nahen Wald eine Musik hörst, so horche nicht darauf. Denn horchst du zu, so mußt du auf der Stelle aus dem Dienst und aus dem Schloß.«
Bei allem, was heilig ist, versprach der Gänsehirt, in alle Ewigkeit nie zu lauschen. Er ging nun in den Hof, ließ die Gänse aus dem Stall und trieb sie hinaus auf die grüne Au neben dem Wald. Er hatte die größte Freude an den weißen und grauen Gänsen und kam sich so reich vor wie ein Kaiser, wenn die fetten Vögel so vor ihm hertrottelten. Draußen hütete er fleißig und gab auf seine Tiere genau Obacht. Und wenn er abends heimfuhr, brachte er alle Tiere nach Hause. So ging es einige Wochen, und der Schloßherr war mit dem Knaben zufrieden. Da war dieser wieder einmal auf dem Feld draußen, und es war so heiß, daß selbst die Gänse den Schatten suchten. Er ging nun zum Wald hin und streckte sich im Schatten der nächstbesten Tanne ins Gras. Er hatte noch nicht lange ausgeruht, als eine schöne Musik sich hören ließ. Sie wurde immer schöner und schö-

ner, so daß dem Hirten Sehen und Denken vergingen und er auch alles andere vergaß. –

Er lauschte und lauschte und konnte sich nicht satt hören, bis endlich die Musik verstummt war. Da kam er endlich zu sich. Es stand aber der Mond schon hoch am Himmel, und die Sterne glänzten wie goldene Punkte am Firmament. Da machte er sich nun hastig auf und wollte die Gänse zusammen- und nach Hause treiben. Doch da war's eine Not! Es schnatterten nur mehr zwei auf der ganzen Wiese, alle übrigen waren längst schon auf und davon. Er suchte nun links und rechts und klopfte in die Stauden, doch nirgends konnte er eine dritte mehr finden. Es blieb ihm endlich nichts mehr übrig, als die zwei Gänse heimzutreiben.

Das war aber eine traurige Fahrt! Er weinte, daß es ihm fast das Herz abstieß, denn er fürchtete den Schloßherrn so sehr. Er war noch nicht zum Schloßtor gekommen, als ihm schon ein Diener entgegenkam und ihm sagte, er solle gleich zum Herrn kommen. Da wurde ihm noch trauriger zumute und dazu schnatterten die zwei Gänse so laut und machten einen solchen Lärm, daß er ihnen hätte die Krägen umdrehen mögen. Kaum war er im Schloß angekommen und hatte die Gänse eingetan, so ging er zum Herrn in den Saal hinauf. Der Graf war aber sehr böse und empfing ihn ganz zornig. »Ich hatte Mitleid mit dir, und du hast das mit Untreue und Undank gelohnt«, sprach er. »Packe dich fort und gehe dahin, woher du gekommen bist.«

Der Junge fing nun an zu bitten und zu weinen, daß es hätte einen Eisklotz rühren mögen. Da sprach der Graf: »Daß du auf dem Wege nicht verhungerst, kannst dir in der Küche einen Butterweck geben lassen.«

Der Knabe stieg weinend die Stiege hinunter, ging in die Küche und meldete, was der Herr gesagt hatte. Da gab ihm der Koch einen Butterweck, und der Junge nahm nun vom Schloß Abschied und wanderte der Heimat zu. Als er aber vor dem Burgtor war, dachte er an das Schicksal seines Bruders, der das Lämmlein verloren hatte, weil er es nicht an einem Strick geführt hatte. Er wollte seinen Butterweck nicht auch verlieren, nahm deswegen ein Stricklein aus seinem Juppensack und band den Weck daran. So wanderte er nun eine Strecke weiter und zog das Stück Brot über Stock und Stein, Stock und Plock nach. Bald wurde er aber schläfrig und müde. Da legte er sich unter eine Eiche und nahm den Weck in seinen Arm. Er schlief, bis die Vögel ihr Morgenlied sangen und es im Wald lebendig wurde.

Da machte er sich wieder auf die Füße und wanderte der Heimat zu. Nicht lange war er so fortgegangen, als er zu einem Meierhof kam. Da stand ein großer, großer Hund und bellte schon von Ferne aus Leibeskräften. Als der abgedankte Gänshirt mit dem Butterweck vorüberzog, machte das ungezogene Tier einen Satz auf den Weck, faßte ihn und verschluckte ihn, ohne erst um die Erlaubnis zu fragen.

So hatte denn auch der dritte Sohn seinen Lohn verloren und hatte nichts als einen Stock, den leeren Sack und ein trauriges Herz. So wanderte er nun weiter, bis er endlich müde und hungrig in die Heimat zurückkam. Hier saßen die Brüder und der Vater am warmen Ofen bei der Abendsuppe. Wie sie den Jüngsten sahen, standen sie auf und grüßten ihn. »Und was hast du denn mitgebracht?« fragte der Älteste.

»Nichts«, sagte der Jüngste.

»Ach so, auch nichts, da bist du freilich gescheiter als unsereins«, sprachen die Brüder und fingen an zu lachen. Und der Jüngste lachte auch mit, und wenn sie zu lachen nicht aufgehört haben, lachen sie heute noch fort.

Vom umgehenden Schuster

Der ewige Jude, Ahasverus geheißen, hat sich bekanntlich schon in den verschiedensten Ländern und Gauen blicken lassen; so ist er auch in Tirol, wo er gemeinhin der »umgehende« oder »laufende« Schuster genannt wird, mehr als einmal zugekehrt. In Brixen ist er gesehen worden, wie er gedankenvoll und schwermütig von der Eisackbrücke ins Wasser gestarrt hat; seine Schuhe und Kleider waren über und über bestaubt. Zweimal hat er in Wildschönau genächtigt beim Lammer und beim Baumgart in der Niederau. In Windischmatrei hätte er auch einmal über Nacht bleiben wollen, aber an jeder Tür, wo er anklopfte, haben sie ihn weitergeschickt. Da hat er ihnen seinen Fluch gegeben und ist hinüber in den Weiler Feld, wo er gut aufgenommen wurde. Er hat aber sein Essen im Gehen verzehrt und ist in der Stube gewandert die ganze Nacht. In der Frühe nahm er dann einen Rock und schleifte ihn durch den Melitzgraben herunter; davon soll es herrühren, daß der Wasserguß, der zuvor jedes Jahr aus dem Melitzgraben kam, den Weiler Feld verschont, dafür aber aus dem Burgergraben kommt und Windischmatrei schon öfters heimgesucht hat.

Wie die große Stadt, die vordem auf der Gand nahe von Kaltern gestanden, zur Strafe ihrer Sünden und Frevel untergegangen war, hat der laufende Schuster bei seinem zweiten Gang um die Welt sie vergeblich gesucht und die hellen Tränen sind ihm übers Gesicht geronnen. Sooft der Schuster an einer Kirche oder Kapelle vorbeikam, wo gerade Gottesdienst war, ist er zur Tür hingestanden, hat, wenn immer beim Amt oder Rosenkranz der heilige Name Jesu genannt worden, aufgeseufzt, sich tief geneigt und an die Brust geschlagen. Er ist auch nie an einem Bild des gekreuzigten Herrn vorübergegangen, ohne zu verweilen davor. Das Kruzifix an der Töll, das auf dem Wasser dorthin geschwommen ist und die wunderbare Eigenschaft hatte, daß ihm, wie einem Lebendigen, die Haare gewachsen sind, hat der Schuster lange angeschaut und gesagt, es sehe unserm Herrn auf und nieder gleich. Nachher waren die Leute so dumm und haben dem Kruzifix den Hals, der ihnen zu lang erschien, verkürzt; da hat das Wachsen der Haare alsbald aufgehört.

Noch hat sich in uralter Zeit der umgehende Schuster im Stanzertal gezeigt, bei Strengen, wo das sogenannte Stopferkreuz mit dem Herrgott davor steht. Der Christus vom Stopferkreuz läßt allmählich und unmerklich sein Haupt immer tiefer sinken; es heißt, wenn er es bis auf die Knie herabsenkt, geht die Welt unter. Vor dem Kreuzbild ist der umgehende Schuster auch gestanden und hat geschaut und geschaut und sich nicht trennen können davon. Wie's Nacht geworden ist, haben die im Hirnerhäusl in Strengen ihn über Nacht gehalten; er hat sich aber nicht niedergelegt, sondern ist um den Tisch in der Kammer in einem fort herumgegangen und war in aller Herrgottsfrühe schon wieder beim Stopferkreuz. Den Leuten, die aufs Feld gingen, hat er gesagt, er hätte noch kein Bild gesehen, das Christo so ähnlich wäre wie dieses. Dabei ist ihm vor innerlicher Bewegung der helle Schweiß herabgeronnen; er hat sich niedergesetzt, als wollte er ein wenig rasten, aber gleich hat es ihn wieder aufgetrieben; er nahm seinen Stab und wanderte fort, dem Arlberg zu.

Der umgehende Schuster wird beschrieben als ein langer, hagerer Mann, dem man nicht ansieht, ob er alt oder jung ist, weil er ausschaut wie aus braunem Holz geschnitzt. Haar und Bart, Gewand und Schuhe sollen ihm so bestaubt sein wie einem Müllerburschen. Die Geschichte seiner Versündigung wird verschieden erzählt. Die einen sagen, daß er von denen war, die vor dem Landpfleger Pilatus am lautesten ihr: »Kreuzige, kreuzige ihn!« geschrien haben. Danach, wie unser Herr mühselig sein schweres Kreuz geschleppt hat, hätte er einen Augenblick an des Schusters Türpfosten rasten mögen; das hätte der Ahasver nicht gelitten, sondern ihn mit Fäusten weggestoßen. Da hat ihn der Heiland angeblickt und gesprochen: »Ich will stehen und ruhen; du aber sollst wandern, bis ich komme.« Seitdem muß er wandern, der Schuster. Andere erzählen, in der Angst und Wut wäre er dem Zug noch hinterdrein gelaufen zur Richtstatt, hätte auch selbst mit Hand angelegt bei der Kreuzigung unseres Herrn; erst danach, da der Herr Jesus verschieden war, hätte er seine Schuld erkannt. Seither ist er alle Länder und Meere ausgegangen, hat immer gemeint, daß endlich doch ein Ende werde und daß er einmal sterben wird. Aber der Tod hat ihn verschont.

Es heißt: Dreimal muß der herumgehende Schuster den Gang um die ganze Welt machen; dabei muß er von drei Schritten, die er macht, immer zwei rückwärts tun. Wenn er den Gang zum dritten Mal vollbracht hat, ist der Fluch von ihm genommen, und er kommt ins Tal Josaphat. Dann bricht der Jüngste Tag mitsamt dem Weltgericht herein.

Löwe, Storch und Ameise

Es war einmal eine arme, arme Witwe, die aus einem sehr vornehmen Geschlecht stammte und einen einzigen Sohn hatte. Sie wohnte mit ihm in stiller Einsamkeit in einem Wald und erzog ihn zu aller Zucht und Tugend. Der Knabe, der Johannes hieß, nahm lernbegierig die guten Lehren seiner Mutter auf und machte ihr Freude und erweckte in ihr die schönsten Hoffnungen. Nur eines wollte ihr nicht gefallen, und das war seine Reiselust. Bei Tag und Nacht dachte er nur an die Schönheit und Pracht ferner Städte und Schlösser, von denen er erzählen gehört hatte. Die kluge Mutter war mit diesem Wandertrieb desto weniger einverstanden, da sie wußte, daß ihrem Sohn doch immer das Geld zum Reisen fehlen werde. Ihr Abmahnen half jedoch nichts. Dem Sohn wurde es im Wald immer mehr und mehr zu eng, und es trieb und drängte ihn seine Sehnsucht nach der Fremde so, daß er sich eines Tages aufmachte und seiner weinenden Mutter und der Waldhütte Lebewohl sagte.

Wie er so frank und frei, voll schöner Hoffnungen, durch den dunklen, dichten Wald ging, hörte er plötzlich ein fürchterliches Geheul. Da dachte er sich: »Ich muß doch sehen, was es da gibt, vielleicht kann ich helfen«, und eilte mutig der Gegend zu, aus welcher der Lärm herkam. Als er so ein Stück gelaufen und zu der Stelle gekommen war, sah er einen Löwen, einen Storch und eine Ameise, die sich um den Körper eines toten Pferdes stritten und dadurch diesen Lärm vollführten. Kaum waren sie aber des Fremden ansichtig geworden, als sie von ihrem Streit ließen und ihn baten, er möchte ihren Rechtshandel schlichten. Da besann sich Hans nicht lange und machte den Schiedsrichter. Dem Löwen teilte er das Fleisch zu, dem langschnabeligen Storch überließ er die Gebeine zum Abnagen, und der Ameise gab er den hohlen Kopf, damit sie darin nisten könne. Die Tiere waren über diese Teilung seelenvergnügt, dankten dem Jüngling aufs beste, und der Löwe sprach: »Guter Freund, ich will dich belohnen und nicht ohne Dank von dir scheiden. Wenn du sagst: Hans der Löwe, so sollst du siebenmal stärker sein als der stärkste Löwe.« Darauf sprach der Storch: »Guter Freund, ich will dich belohnen und nicht ohne Dank von dir scheiden. Wenn du sagst: Hans der Storch, so wirst du siebenmal höher fliegen können als meinesgleichen.« Dann nahte die kleine Ameise und wisperte: »Guter Freund, ich will dich belohnen und nicht ohne Dank von dir scheiden. Wenn du sagst: Hans die Ameise, so wirst du siebenmal kleiner werden als die kleinste Ameise.«

Hans ging nun von den Tieren weg und wanderte weiter durch den Wald. Da wurde das Gehölz endlich lichter, und als er aus dem Forst hinaustrat, lag eine große, große Stadt vor ihm. Hans konnte sich nicht satt daran schauen und wanderte schnurstracks auf sie los. Als er aber in dieselbe kam, war er durch das düstere Aussehen derselben nicht wenig überrascht. Denn alle Häuser waren mit schwarzen Decken behangen und alle Einwohner trugen Schwarz. Da wunderte es Hans, was das zu bedeuten habe, und er fragte einen Bürger, der ihm begegnete, nach der Ursache der Trauer. Darauf antwortete ihm der Mann mit trauriger Miene: »Ach, weh uns! Unsere geliebte Königstochter ist in ein fernes Schloß verwünscht worden, und ihre Rettung ist beinahe unmöglich, denn ein fürchterlicher Drache mit drei Köpfen bewacht die verwünschte Jungfrau.« Mit diesen Worten ging der Mann traurig von dannen.

Hans blieb allein stehen und hatte mit der armen Prinzeß das tiefste Mitleid. Er wünschte, sie zu erlösen, möge es kosten, was es wolle. Er erkundigte sich daher nach der Lage des Schlosses und machte sich dann fröhlich auf den Weg dahin. Er mußte einige Tage wandern, bis er zum Schloßberg kam. Da bemerkte er aber zu seinem Schrekken, daß man nicht zum Schloß hinaufkam, denn der Berg war steil und so glänzend und schlüpfrig, als wäre er mit Öl übergossen. Hans dachte nun nach, wie er hinaufkommen könnte, doch all sein Sinnen und Trachten war vergebens. Da fiel ihm plötzlich die Geschichte mit den Tieren ein, und er sprach vor sich hin: »Hans der Storch.«
Kaum hatte er es gesagt, da war er auf einmal in einen Storch verwandelt und flog auf den Berg hinauf. Er stand nun vor dem Schloß, doch die Pforte war eisenfest verschlossen, und niemand öffnete sie. Da sprach der Jüngling: »Hans die Ameise!«, und in einem Nu wurde er die kleinste Ameise und schlüpfte durch ein Astloch der Tür in den Hofraum. Dort bekam er wieder seine vorige Gestalt und besichtigte das große, feste Gebäude. Wie er so dastand und sann, wo etwa die Prinzeß gefangen sei, erschien ein meeraltes Männchen, das sehr klein war, aber einen ungeheuren Bart hatte. Dies fragte den Jüngling mit grunzender Stimme: »Bürschchen, was willst du hier?«
»Die verwünschte Prinzeß erlösen«, erwiderte Hans. Darauf entgegnete der Alte: »Das wird schwer gehen, denn sie wird von einem fürchterlichen Drachen bewacht, der ihr auf dem Schoß liegt.«
Hans verlor durch diese Rede gar nicht den Mut und meinte, es wird schon gehen. Dann fragte er das Männchen: »Wo ist ein Schwert?«
Das Zwerglein gab darauf den Bescheid: »Geh hinauf in die Rüstkammer und dort wirst du ein Schwert finden, das du kaum tragen kannst. Das nimm!«
Hans stieg alsogleich in die Rüstkammer hinauf und holte

das großmächtige Schwert, das er fast nicht tragen konnte. Dann ging er auf das Zimmer zu, in dem der Drache die Jungfrau bewachte und sprach: »Hans der Löwe.« Da wurde er siebenmal stärker als der stärkste Löwe, trat in das Zimmer und schlug dem Drachen alle drei Köpfe mit einem Hieb herunter.

Kaum war dieses geschehen, so begann es im ganzen Schloß zu poltern und zu donnern, und der Berg senkte sich mehr und mehr, bis er ganz verschwand. Dann machten sich Hans und die erlöste Königstochter auf den Weg und gingen in die Residenzstadt. Dort entstand ein unermeßlicher Jubel über die Befreiung der schönen Jungfrau, und es folgte deshalb ein Fest auf das andere. Die Königstochter heiratete dann aus Dankbarkeit ihren Erlöser und lebte mit ihm vergnügt und glücklich bis zu ihrem seligen Ende.

Das wunderbare Wägelein

Es waren einmal ein Brüderchen und ein Schwesterchen, die hatten einander so lieb, als sie nur konnten. Und weil lieb Mütterchen krank und der Vater beim lieben Gott im Himmel war, sonst aber im Hause niemand mehr wohnte als die Not in allen Ecken und Enden, also gingen die Kinder in den Wald und wollten Erdbeeren klauben, um sie dann in der Stadt zu verkaufen und den Erlös der kranken Mutter zu bringen. Da es aber im Wald sehr viel Erdbeeren gab, wurden sie mit Klauben erst gegen Abend fertig, als es schon dunkel wurde. Sie liefen nun und liefen, was sie konnten, aber der Weg war weit, und weil es immer finsterer ward, kamen sie zuletzt noch vom rechten Weg ab und immer tiefer in die Wildnis. Das Schwesterchen fing an zu weinen und sagte: »Werden uns wohl die wilden Tiere nicht fressen?« Aber das Brüderchen tröstete sie und stieg auf einen Baum, um zu spähen, ob nirgends ein Licht wäre. Aber er sah keins, und weil sie müde waren, setzten sie sich unter den Baum und schliefen ein.

In der finsteren Nacht erwachten sie wieder und waren so hungrig, daß sie ihren Vorrat an Beeren aufzehren mußten. Und Schwesterchen sagte: »Was wird lieb Mütterchen für Kummer haben! Sie wird wohl gar sterben.« Allein das Brüderchen tröstete sie und stieg abermals auf den Baum und sah sich nach allen vier Winden um. Da sah es in der Ferne ein Fünklein brennen und rief seinem Schwesterlein getrost herab, es müsse nicht gar weit ein Haus sein, denn es scheine ein Licht. Und Schwesterchen sagte: »Da ist Mütterchen vor Kummer wach; machen wir uns dran, heimzukommen!«

Sie fingen wieder an zu gehen und sahen das Licht heller und heller schimmern, bis sie zu einer armseligen Hütte kamen, in der das Licht brannte. Ihre Freude war klein, denn das war nicht ihre Heimat; doch unter Dach und Fach ist immerhin besser, meinte der Knabe, als heraußen in der kalten Wildnis. Drum klopften sie an die Tür. »Wer klopft so spät an meine Tür?« brummte ein altes Weib heraus. »Wir sind's«, sagte der Knabe, »wir finden nimmer heim, und heraußen ist's so kalt. O laßt uns ein!«

»Ich kann euch nicht über Nacht behalten«, erwiderte die Alte, »in der Hütte haust ein Menschenfresser, er würde euch rein auffressen, wenn er heimkommt. Lang ist er nimmer draußen.« Das wurden die Kinder traurig und fingen zu weinen an und baten das Weib, sie doch einzulassen und in ein Versteck zu tun. Sie wollten schon mäuschenstille sein. Aber das Weib wollte nicht und sagte: »Nützt nichts, ihr müßt draußen bleiben, mein Alter röche euch von weitem, und immer wär's um euch geschehen.«

Jetzt fürchteten sich die Kinder noch mehr und riefen schluchzend: »Um Gottes willen, laßt uns ein, hier draußen fressen uns die wilden Tiere!«, und sie ließen nicht nach zu bitten, bis es der Alten zu Herzen ging. Sie öffnete die Tür, ließ die Kinder ein und schob sie schnell in den Ofen. »Seid fein still!« sagte sie noch und tat das Türl zu.

Nicht lange danach ging die Tür auf, und der Menschenfresser polterte herein. Er war nicht in rosiger Laune und brummte wie ein Bär, so daß die Kinder im Ofen wie Birkenlaub zitterten. Ehe er schlafen ging, sah er sich noch nach allen vier Wänden um und schnüffelte wie ein Jagdhund. »Was hast du?« fragte das Weib. »Tu den Braten heraus!« brummte der Wilde, »ich rieche Menschenfleisch, tot oder lebendig.«

»Ei was!« rief das Weib entgegen, »du hast immer deinen seltsamen Schmack. In der ganzen Hütte ist kein Zäderlein von einem Menschenfleisch außer uns zweien«, und wollte ihm die Meinung aus dem Kopf bringen. Je mehr aber die Alte redete, desto heftiger schnüffelte der Mann in der Stube umher, kam auch in des Ofens Nähe und brüllte ganz entsetzlich: »Tu den Braten heraus, ich rieche Menschenfleisch!«

Den armen Kindern wurde übel zumute, doch getrauten sie sich nicht, einen Laut von sich zu geben. Das Weib aber sagte unwillig: »Hör mir auf mit deinem Menschenfleisch, Hennenfleisch schmeckst du!«, denn es war die Hühnersteige dicht beim Ofen. Darauf faßte der Menschenfresser wütend das Ofentürl, riß es auf und zog die beiden zappelnden Dinger heraus. Schmunzelnd betrachtete er dieselben, während sie vor Entsetzen schrien, und es lachte ihm das Herz und wässerte ihm der Mund, wie er sich so den Braten befühlte. »Aber ein bissel fetter könnten sie sein«, sagte er, trug sie ins Obergeschoß und sperrte sie oben in eine Kammer, sie mochten schreien, soviel sie wollten. Dann befahl er seinem Weibe, das beste Essen zu kochen und die beiden Gänslein ordentlich herauszumästen, auf daß sie einen fetten Bissen gäben; morgen wolle er sie dann verzehren. Hierauf legte er sich schlafen.

Aber Brüderchen und Schwesterchen taten die ganze Nacht vor Angst und Schrecken kein Auge zu, und zuletzt fiel ihnen ein zu beten, und sie beteten inbrünstig zum lieben Gott, daß er sie aus den Händen dieses schrecklichen Menschenfressers befreie. Als es derweil ein wenig zu grauen anfing, bemerkte der Knabe, wie der junge Tag durch eine Ritze in der Wand hereinschimmerte. Da versuchte er denn, ob die Klunse weit genug wäre, daß er sich hindurchzwängen könnte, und richtig, es gelang. Vor Freude fielen sie auf die Knie und dankten dem lieben Gott; darauf wollten sie die Zeit nützen, da der Wilde noch schnarchte, schlüpften durch die Wand und sahen sich in der Holzschupfe nebenan, wo das Heu lag. Sie klet-

terten den Heustock hinab und standen vor einem aller-
liebsten kleinen Wägelchen, das überaus kunstvoll gebaut
und um und um verziert und mit Gold eingelegt war.

Das hat uns der liebe Gott geschickt, sagten sie und hatten
eine große Freude. Alsogleich setzten sie sich hinein, und
das Brüderchen sagte:

> Wäglein, Wäglein, hübsch und fein,
> Trag uns zum lieben Mütterlein!

Im Augenblick tat sich die Tür der Schupfe von selbst auseinander, das Wäglein setzte sich in Bewegung und fuhr
mit den Kindern durch die Luft davon. Ehe der Menschenfresser erwachte, waren Brüderchen und Schwesterchen schon daheim in den Armen der lieben Mutter, welche die ganze Nacht um ihre Kindlein geweint hatte.

Da das Wäglein die vortreffliche Eigenschaft besaß, daß,
wo man es sauber hielt und in Ehren benützte, das Glück
nie aus dem Hause wich, so wurden Brüderchen und
Schwesterchen wohlhabende Leute, und die pflegten das
liebe Mütterlein sorgsam in ihrem Alter und brauchten
auch nicht mehr nach Erdbeeren in den Wald zu gehen, wo
der Menschenfresser hauste. So lebten sie vergnügt zusammen und hielten das kostbare Wägelein in treuer Hut,
fuhren auch auf demselben, sooft sie Lust dazu hatten,
und bezahlten doch ihr Lebtag kein Fahrgeld. Möchtest
du nicht auch ein solches Wägelchen? Dann kauf dir eins!

Von der Notwendigkeit des Salzes

Es war einmal ein König, der hatte drei Töchter, die er alle
drei recht herzlich liebte, weil sie brav und schön waren.
Er wußte nun nicht, welche von den dreien er zur Königin
bestimmen sollte. Als sein Geburtstag vor der Tür stand,
ließ er die Töchter vor sich kommen und sprach zu ihnen:
»Meine lieben Kinder, ich habe euch alle drei recht herzlich gern und wußte lange nicht, welche von euch ich zur
Erbin meines Thrones einsetzen sollte. Nun aber bin ich
mit mir eins geworden, daß diejenige von euch, welche mir
etwas zu meinem Geburtsfeste bringt, was im mensch-
lichen Leben höchst notwendig ist, Königin werden soll.
Geht also und bedenkt euch die Sache mit allem Fleiß!«
Als der Geburtstag des alten Königs herankam, da brachten ihm die zwei ältesten Töchter sehr notwendige, aber
zugleich höchst kostbare Dinge zum Geschenk. Die jüngste aber brachte in einem verzierten Gefäß nicht mehr als
ein Häuflein Salz. Wie der König dies ihr Geschenk sah,
wurde er über und über zornig, jagte seine Tochter aus
dem Schloß und verbot ihr, sich jemals wieder unter seine
Augen zu wagen.
Die verstoßene Königstochter zog nun mit tiefem Herzeleid in die ihr unbekannte Welt hinaus und nur das Ver-
trauen auf ihre Verständigkeit vermochte sie einigermaßen
zu trösten. Nachdem sie eine gute Zeit so fortgegangen
war, kam sie zu einem Wirtshaus. Da fand sie eine wackere
Wirtin, die das Kochen von Grund auf verstand. Bei dieser
ging sie in die Lehre und brachte es bald so weit, daß sie die
Wirtin in der Kochkunst um ein Gutes übertraf. Man re-

dete nun weitum von der vortrefflichen Köchin, die in diesem Wirtshaus sei, und jedermann, der des Weges kam und noch ein paar übrige Kreuzer in der Tasche klingen hörte, kehrte ein, um sich einen Braten oder was Vornehmeres geben zu lassen.

Der Ruf der berühmten Köchin drang auch zu den Ohren des Königs und bewog ihn, dieselbe als Hofköchin anzunehmen. Da trug es sich zu, daß die älteste Königstochter Hochzeit hatte und die berühmte Köchin das Hochzeitsmahl mit allem Aufwand bereiten mußte. Am Hochzeitstag wurde also eine vornehme Speise nach der anderen aufgetragen, so daß fast der Tisch krachte. Alles war vortrefflich gekocht, und das Lob der Köchin ging von Mund zu Mund. Endlich kam auch die Lieblingsspeise des Königs. Dieser nahm schnell seinen Löffel und kostete. »Die Speise da ist nicht gesalzen«, rief er zornig, »laßt die Köchin vor mich kommen!«

Man lief also schnell, um die Köchin zu holen, und diese trat unerschrocken in den Saal. »Warum hast du meine Lieblingsspeise zu salzen vergessen, du nachlässiges Mädel!« barschte sie der König gleich an. Die Köchin aber antwortete: »Ihr habt ja eure jüngste Tochter verstoßen, weil sie das Salz für so notwendig hielt. Seht ihr jetzt vielleicht ein, daß euer Kind so unrecht nicht hatte?«

Wie der König diese Worte hörte, erkannte er seine Tochter, bat sie um Verzeihung, hieß sie an seiner Seite sitzen und nahm sie wieder als sein liebes Kind auf. Jetzt wurde die Hochzeit erst recht lustig, und der König lebte noch viele Jahre nach dem Hochzeitstag freudig und liebevoll bei seinen Kindern.

Da schickt der Herr den Jockel aus

Es schickt der Bau'r das Jaggele aus,
Soll die Birnen schütteln,
Jaggele will nicht Birnen schütteln,
Birnen wollen nicht fallen.
Schickt der Bau'r das Hündlein aus,
Hündlein soll Jaggele beißen,
Hündlein will nicht Jaggele beißen,
Jaggele will nicht Birnen schütteln,
Birnen wollen nicht fallen.
Schickt der Bau'r das Prügele aus,
Soll das Hündlein peitschen.
Prügele will nicht Hündlein peitschen,
Hündlein will nicht Jaggele beißen,
Jaggele will nicht Birnen schütteln,
Birnen wollen nicht fallen.
Schickt der Bau'r das Feuer aus,
Soll das Prügele brennen.
Feuer will nicht Prügele brennen,
Prügele will nicht Hündlein peitschen,
Hündlein will nicht Jaggele beißen,
Jaggele will nicht Birnen schütteln,
Birnen wollen nicht fallen.
Schickt der Bau'r das Wasserle aus,
Soll das Feuer löschen.
Wasser will nicht Feuer löschen,
Feuer will nicht Prügele brennen,
Prügele will nicht Hündlein peitschen,
Hündlein will nicht Jaggele beißen,

Jaggele will nicht Birnen schütteln,
Birnen wollen nicht fallen.
Schickt der Bau'r das Öchslein aus,
Soll das Wasser saufen.
Öchslein will nicht Wasser saufen,
Wasser will nicht Feuer löschen,
Feuer will nicht Prügele brennen,
Prügele will nicht Hündlein peitschen,
Hündlein will nicht Jaggele beißen,
Jaggele will nicht Birnen schütteln,
Birnen wollen nicht fallen.
Schickt der Bau'r den Metzger aus,
Soll das Öchslein schlachten.
Metzger will nicht Öchslein schlachten,
Öchslein will nicht Wasser saufen,
Wasser will nicht Feuer löschen,
Feuer will nicht Prügele brennen,
Prügele will nicht Hündlein peitschen,
Hündlein will nicht Jaggele beißen,
Jaggele will nicht Birnen schütteln,
Birnen wollen nicht fallen.
Schickt der Bau'r den wilden Mann,
Soll den Metzger fressen.
Wilder Mann will nicht Metzger fressen,
Metzger will nicht Öchslein schlachten,
Öchslein will nicht Wasser saufen,
Wasser will nicht Feuer löschen,
Feuer will nicht Prügele brennen,
Prügele will nicht Hündlein peitschen,
Hündlein will nicht Jaggele beißen,
Jaggele will nicht Birnen schütteln,
Birnen wollen nicht fallen.

Die ungleichen Kinder Evas

꧁꧂꧁꧂꧁꧂

Einmal ist der Herrgott auf die Erde gekommen zum Adam und hat ihn gefragt, wie viele Kinderlein er hätte. Da hat sich die Eva geschämt, weil ihrer Kinder gar so viele waren, und hat dem Adam ein Zeichen gemacht, daß er's nicht sagen soll. Und der ist richtig so dumm und leugnet seinem Gott und Herrn eine Menge von seinen Kindern weg. Der Herrgott hat ein Zeitl den verlogenen Menschen fest und ernsthaft angeschaut; dann hat er gesagt: »Die Kinder, die du mir jetzt fortgeleugnet hast, sollen verborgen sein und bleiben.« So hat den lieben Herrgott die Lüge verschmacht.

Die von Adam verleugneten Kinder halten sich seitdem in den Berghöhlen, jedem Auge verborgen, auf. Sie sind still und friedlich, bleiben ganz für sich; vieles Geheime ist ihnen offenbar. Wo ein tiefes Loch oder ein langer Gang in einen Fels hineingeht, da heißt es, namentlich im Ahrn- oder Tauferertal: »Das ist ein antrisches Loch; da sind einmal antrische Leut drin gewesen.« Manch einer hat schon aus solchen Felslöchern Rauch aufsteigen sehen; auch allerhand Hausrat soll von einzelnen, die sich hineingewagt haben, gefunden worden sein, aber nie hat jemand ein menschliches Wesen darin erblickt.

Hier und da einmal gesellen sich antrische Leute zu den Menschen, erweisen sich freundlich und hilfreich. In Weißenbach diente eine antrische Dirn auf einem Bauernhof, war fleißig und treu und brachte dem Haus großen Nutzen. Beim Fortgehen schenkte sie der Bäurin, die sie ungern ziehen ließ, ein Zwirnknäuel und verbot ihr, jemals nach dem Ende zu fragen. Lange Zeit hielt die Bäurin das Gebot, und das Zwirnknäuel blieb immer gleich voll, aber einmal vergaß sie sich und fragte nach dem Ende, da war das Knäuel schon gar.

Glück oder Unglück, das dem Haus bevorstand, konnten die Antrischen vorhersagen; sie gaben auch weise vorausschauende Ratschläge über Wetter und Feldarbeit. Wenn ihr Rat nicht befolgt wurde, so zürnten sie und kamen nicht mehr; für Spott oder Beleidigungen nahmen sie empfindliche Rache. Sie scheuten alles Geräusch und Lärmen; im allgemeinen scheuten sie auch den Anblick der Menschen und verbargen sich vor ihnen. Besonders zuwider war den antrischen Leuten, als das Christentum einzog, das Glockengeläute. Sie schalten auf die Geiß- oder Kuhschellen, wie sie die anfänglich kleinen Glocken nannten. Immer weiter verschlüpften sie sich vor dem Glockenschall ins Gestein; wenn sie aber konnten, stahlen sie die Glocken und vergruben sie.

Die ersten Christen in Onach hatten sich auch ein Glöckl in ihren Kirchturm gehängt. Bei Nacht kamen die antrischen Leute, stahlen es und trugen es hinauf ins Geklüft am hohen Graben; dort hausten sie, und dort vergruben sie die Glocke zwischen den Felsen. Aber die Glocken wachsen wie andere vergrabene Schätze allmählich wieder nach oben, sieben Spannen in je siebenmal hundert Jahren, und zu gewissen Zeiten blühen sie, das heißt: leuchtende Flämmchen zeigen sich an der Stelle. Ein Onacher Hirt sah den Schatz blühen, zog das Glöcklein aus der Felsenkluft hervor; und die Onacher hängten es wieder in ihren Kirchturm, wo es heute noch läutet.

Der treulose Wolf

Ein Hirt hatte einstens im Schafstall einen Wolf erwischt, den er sogleich totschlagen wollte. In dieser Gefahr bat der Wolf um Verzeihung und sprach: »Mein lieber Hirt! Schenke mir doch das Leben. So verspreche ich dir, daß ich in diesen Stall nicht mehr kommen und keinen Schaden mehr zufügen werde.«

»Ja, ja«, sagte der Hirt, »du wirst freilich nicht mehr kommen, wenn ich dich jetzt totschlage. Wenn ich dich aber freilassen würde, so könnte dir kein Mensch trauen.«

»Nein, nein«, erwiderte der Wolf, »du sollst an meinem Versprechen nicht zweifeln, denn es reut mich von Herzen, was ich getan habe. Darum will ich mich auch ernstlich bessern; sollte aber der Hunger bei mir gar zu groß sein, so verspreche ich dir, aufs wenigste keinen Schaden über sieben Heller mehr zu tun, das ist ja eine Kleinigkeit, und darüber kann sich gewiß niemand beklagen.«

Weil der Wolf sich so reumütig zeigte und wenigstens keinen merklichen Schaden mehr tun wollte, ließ ihn der Hirt in die Freiheit. Kaum war der Wolf von seiner Gefangenschaft freigelassen worden, so begegnete ihm ein Hammel. Da dachte sich der Wolf: Das wäre ein guter Bissen für mich. Allein was habe ich dem Hirten versprochen? Sollte ich ein treuloser Schelm werden? Was mache ich mir aber daraus, da ich nur versprochen habe, über sieben Heller keinen Schaden zu tun? Nun schätze ich diesen Hammel nicht mehr wert zu sein als vier Heller, und so kann ich ihn getrost auffressen.

Dieses gesagt, zerriß er den Hammel und fraß ihn auf. Des

anderen Tages begegnete ihm eine fette Kuh samt ihrem Kalb. Da war die Anfechtung wiederum groß. »Wie?«, sagte der Wolf, »sollte ich mich da überwinden lassen, wie würde ich bei dem Hirten bestehen, wenn es ihm zu Ohren kommen würde? Ich muß halt bei meiner Manier, eine Sache zu schätzen, bleiben, so hat es keine Gefahr. Ich schätze also die Kuh vier und das Kalb drei Heller wert zu sein und nicht mehr. Ist also noch nicht über sieben Heller; das ist ja nicht übel gerechnet? So fresse ich dann die Kuh samt dem Kalb.«

Auf diese Weise konnte der Hirt dem Wolf nichts anhaben.

Gottes und des Teufels Getier

Wie unser lieber Herrgott die Welt erschaffen hat mit allem, was drin umeinand wuselt, kriecht und fliegt, ist nicht weit davon der Teufel gehockt. Der hat grad schauen müssen und sich gegiftet, weil er selber so was nie zusammenbringt. Aufs letzte ist's ihm zu dumm worden, und er hat den Herrgott bittweis' angeredet: Ob er ihm nicht erlaubt, daß er auch ein Tier erschaffen darf?

Der liebe Herrgott hat so ein bißl in seinen glanzigen Bart gelacht und gesagt: »Ja, meintswegen! Ich vergönn dir's schon.«

Jetzt ist der Teufel voller Freuden gewesen, hat in die Händ' gespien und sich darangemacht, ein recht wunderfeines Tierl zu erschaffen – nach seinem Ebenbild, versteht sich, weil er sich selber gar so gut gefällt. Ein rauhes, haariges Fell hat er der Kreatur gegeben, gespaltene Hufe, am Kopf ein schönes Paar spitzige Hörndln und so ein gleißendes Geschau, wie er selber hat. Nicht viel Bart; den eigentlichen Bart hat er ihr auf den Widerrist gesetzt, an die Kehrseite aber einen mordslangen buschigen Schweif angehängt, ganz ähnlich wie den seinigen. Denn über seinen Schweif geht dem Teufel ja nichts. Also ist die Gemse fertig gewesen und war dem Teufel auf und nieder recht.

Der Herrgott hat sie so angeschaut und hat zum Teufel gesagt: »Ja, mein Lieber, da du sie erschaffen hast, steht's auch dir zu, daß du sie jetzt in acht nimmst und für sie sorgst. Wirst wohl am Ende auch verlangen, daß meine lieben Englein dir dein Viehzeug hüten«, hat er gesagt.

Das hat der Höllenwirt eingesehen und hat versprochen: Ja, da fehlt sich nix, und er will sie rechtschaffen betreuen. Aber das hat er nicht bedacht, daß sein Gamstier auch inwendig ganz nach ihm geraten ist: ein boshaftes Luder, voller Launen und Eigensinn. Nur immer Herumstreunen und Herumrennen und nicht folgen, um keine Welt! Den ganzen Tag kraxeln, an den steilsten, verlorensten Örtern – da läßt sich denken, wie oft das Luder sich eingehängt hat an Dörnern und Steinen mit seinem langen, haarigen Schweif. Dann hat's gepfiffen und gemeckert wie am Spieß – und der Teufel hat kommen müssen und schauen, wie er's losbringt. Leicht an hundert Mal ist das geschehen, und die lieben Engerln im Himmel haben zugesehen und ihre Freud daran gehabt. Aber dem Leibhaftigen, der ohnehin der Geduldigste nicht ist, war das Ding gar bald verleidet.

Einmal hat die Gemse sich wieder im Gewänd verstiegen und dabei ihren Schweif in einer Stauden festgehakt. Weil sie gar so kläglich getan hat, ist der Teufel herzugelaufen und hat sie losmachen wollen; aber mit lauter Gehupf und Getu hat sich das Vieh, das damische, immer mehr und mehr verwickelt. Da hat der Teufel einen Mordszorn gekriegt; mit allen zwei Krallen hat er den buschigen Gemsenschweif gepackt und voneinand gerissen, so daß ihm das größte Teil zwischen den Pratzen verblieben ist. »Malefizluder, elendiges!« hat er gebrüllt, »jetzt soll dich hüten, wer mag! Ich will nichts mehr wissen von dir.« Und abgefahren ist er mit Stank und Schwefel zur Hölle.

Die arme Gemse ist dagestanden ganz verwaist und verzagt; keine Seel hätt' sich ihrer angenommen, wenn unser Herrgott nicht gewesen wär. Der aber hat sich über sie erbarmt und sie bestehen lassen als seine Kreatur. Freilich, ein bißl was vom Teufel seiner boshaften Art ist ihr doch verblieben; auch ist sie schuld, daß manch ein Wildschütz

Leib und Seele ihretwegen verliert. Aber den armseligen Rest vom abgerissenen Schweif, das haben alle Gemsen bis zum heutigen Tag.

Die Preiselbeere

Wieder einmal ist dem Teufel die Lust angekommen, daß er sich mit irgendwas auszeichnen und eine Ehr aufheben möcht. Drum hat er unsern Herrgott gebeten, er soll ihm verstatten, was Blühendes zu erschaffen: Blume oder Frucht. Natürlich hat der liebe Gott gleich gewußt, daß das auch wieder nichts wird; aber er hat doch gesagt: »Von mir aus.«

Also der Hörndlete, voller Freuden, geht herum und studiert, was er Schönes auskopfen könnt. Da fällt ihm ein, daß im Wald drin nur die dunkelblauen Moosbeeren am Boden wachsen und wie fein dunkelrote Beeren ausschauen müßten – so rot wie Blut und höllisches Feuer. Geschwind geht er her und hext solche Beeren zusammen, die heutzutag Grangglbeeren oder Preiselbeeren heißen. Und dabei tut er heimlicherweis den Fluch: Daß, wer davon ißt, ihm, dem Teufel, zugehören soll mit Leib und Seel.

Das Ding war gut, und die Beeren waren fertig, und die Farb daran ist noch ganz frisch gewesen. Der Gangerl stellt sie recht mitten ins Moos hinein, und – hast du gesehen! – fährt er auf und davon.

Nicht lang ist's angestanden, so geht unser lieber Herr und Heiland durch den Wald. Alle Vögerln sind aufgeflattert, und alle Tierlein sind herzugekommen und niedergekniet, und die kleinsten Blümerln wie die höchsten Bäume haben sich tief geneigt. Nur ein einziges Stäuderl mit roten Beeren hat sich nicht gerührt, hat feurig aus dem Moos herausgespitzt. Unser Herr schaut die Preiselbeere an und erkennt gleich, wo die her ist und was der Höllteufel damit im Sinn hat. Da haben ihn die Menschen, auf die es abgesehen war, und zumal die lieben kleinen Kinder, die so gern Beeren zupfen, recht von Herzen erbarmt. Und er redet nicht lang, sondern neigt sich nieder und macht ganz sacht über die Beere das Zeichen seines heiligen Kreuzes.

Da hat der Teufel keine Macht mehr über die Preiselbeere gehabt, und sie ist gerade so gesund und unschuldig gewesen wie die Moosbeere und die andern. Darüber faßte der Teufel einen mächtigen Zorn und überlegte, wie er nicht doch noch diese Beeren zum Schaden der Menschen anwenden könnte. Da erfand er die Kunst, aus Preiselbeeren Branntwein zu brennen, und lehrte das die Bauern.

Vom Eichenlaub

❦❧❦❧❦❧

Der Teufel versuchte einstmals Gottvater und wollte, daß
er ihm eine Bitte gewähre. Gott der Herr versprach, sobald den Eichen alle Blätter würden abgefallen sein, wolle
er die Bitte gewähren. Der Teufel war darüber froh und
wartete den Herbst ab, aber die Blätter fielen nicht. Es
kam der Winter – die Blätter fielen noch nicht ab, obschon
sie ganz gelb und braun im Winde rauschten. Als der Früh-
ling kam, wuchsen wieder neue grüne Blätter, und als
diese ziemlich stark waren, fielen erst nach und nach die
vorjährigen ab. Da sah der Teufel, daß seine Bitte niemals
in Erfüllung gehen werde, weil vom Eichenbaum nie alle
Blätter abfallen. Das erzürnte den Teufel dermaßen, daß er
in die Eichenbäume wütend fuhr und mit den Krallen die
Blätter zerfetzte. Und bis jetzt trägt der Eichenbaum seine
Blätter durch den Winter bis die neuen stehen, und das
Laub zeigt noch die zerschlitzten Blätter von den Teufels-
krallen.

Christus und Petrus auf der Wanderschaft

≫⊛≪≫⊛≪≫⊛≪

Der Faule und die Fleißige

Zur Zeit, als der liebe Herrgott noch auf Erden wandelte, ging er eines Tages mit dem Petrus zu einem Dorf, wohin beiden der Weg fremd war. Sie begegneten einem Mann, der neben der Straße der Ruhe pflog, und fragten, welcher Weg zu dem nächsten Dorf führe.

Ohne sich vom Boden zu erheben, wies der Gefragte mit dem ausgestreckten Bein die Richtung und sprach: »Dahin geht der Weg.« Dabei gebärdete er sich so faul, daß Petrus völlig ärgerlich darüber wurde.

Bald darauf kamen die beiden Wanderer zu einem Mädchen, das sich auf dem Felde viel zu schaffen machte. Hier fragten sie nochmals um den rechten Weg.

Gerade das Gegenteil vom früheren Wegweiser, lief diese schnell voran und wich nicht von ihrer Seite, bevor sie ihnen genau erklärt hatte, wohin der kürzeste Weg einzuschlagen wäre.

Das gefiel dem Petrus und er sprach zu dem Herrn: »Herr, dieser Jungfrau wirst du wohl, weil sie so brav und eifrig ist, einen ebenso braven und arbeitsamen Mann bescheren, nicht wahr?«

»Mitnichten«, sprach der Herrgott: »Dieses Mädchen wird gerade jenen Faulen heiraten müssen, der uns mit dem Bein den Weg wies.«

»Aber warum denn das?« fiel Petrus in die Rede.

»Damit er nicht zugrunde geht, bedarf er eines braven Weibes«, sprach ruhig der Erlöser.

Das Leberlein

Als der Heiland einst ein Ziegenböcklein geschenkt bekam, übergab er es seinem Verwalter, dem Petrus, damit er es für den Herrn und die übrigen Apostel zubereite.

Petrus aß aber das »Gröstl« sehr gern und bereitete das Leberle des Böckleins für sich allein zum Halbmittag.

Und als der Heiland zu Mittag den Petrus fragte, wo das Leberlein des Zickleins hingekommen sei, behauptete dieser, dieses Böcklein hätte gar kein Leberle gehabt.

Die glühende Hand

꙰꙰꙰

Es waren einmal ein Pfarrer und ein Einsiedler, die hielten mitsammen gute Freundschaft. Der Frater Josue – so hieß der Einsiedler – hauste in den Ruinen des alten, stolzen Ritterschlosses Thaur im Unterinntal; der Pfarrer hieß mit Namen Georg Meringer, war ein gelehrter, frommer Herr, der viel Gutes wirkte. Die beiden Freunde hatten einander gelobt, daß der, welcher von ihnen zuerst sterben würde, dem andern nach dem Tode erscheinen sollte.

Der Pfarrer verschied als erster. Er wurde begraben in seinem Pfarrdorf Thaur, in dem uralten Peterskirchl, das er nicht lang zuvor hatte neu herstellen lassen.

Der Einsiedler teilte seine Zeit zwischen dem Gebet und dem Fertigen schöner, kunstvoller Altarblumen, worauf er sich trefflich verstand. Eines Abends spät saß er noch bei dieser Arbeit, da klopfte es an sein Fensterlein – und da er aufsah, stand draußen die Schattengestalt seines Freundes. Der sprach zu ihm: »Nun bin ich leiblich gestorben und muß doch noch büßen. Ich habe drei heilige Messen, dafür ich die Stipendien eingenommen, zu lesen vergessen und leide schmerzlich deswegen. Sorge, daß die heiligen Messen gelesen werden, und hilf mir mit Beten, Fasten und Kasteien die Bußzeit zu verkürzen! Auch sollst du es meiner Gemeinde kundtun, damit meine Amtsbrüder und alle Frommen mich einschließen in ihr Gebet.« Da bat ihn der Einsiedler um ein Zeichen, daß er den anderen die Wahrheit der Erzählung beweisen und Glauben bei ihnen finden möchte.

So begehrte der Geist, der Einsiedler sollte ihm etwas herausreichen, und der Einsiedler reichte ihm den Deckel einer Blumenschachtel hinaus. Wie der Pfarrer seine Hand darauf legte, zischte es, und die Form der Hand war dem Holz alsbald eingebrannt. »Sieh, wie ich brenne«, sprach die arme Seele und verschwand.

Der Einsiedler aber lag fortan aufs treulichste dem Erlösungswerk ob und unterließ nichts von dem, was sein Freund ihm aufgetragen. Einige Male noch erschien ihm dessen abgeschiedene Seele, jedesmal in lichterem Gewand. Nach Jahresfrist aber erschien der Geist ganz weiß und glänzend und sprach: »Durch deine Hilfe bin ich erlöst. Gott vergelt es dir! Droben erwarte ich dich.«

Nach sieben Tagen entschlief der Klausner, und die Freunde waren im Jenseits vereint.

Die heilige Notburga mit der Sichel

Notburga war geboren zu Rattenberg am Inn, frommer und rechtlicher Handwerksleute Kind. Von früher Jugend an war sie dem Gebet und Wohltun vor allem zugewandt und nahm täglich zu in der Liebe Gottes und des Nächsten. Da sie nun achtzehn Jahre zählte, taten sie ihre Eltern in einen Dienst; da kam sie auf das Schloß Herrn Heinrichs von Rottenburg, der ein mächtiger Herr im Land war. Ihm und seiner Frau, die Guta geheißen, diente Notburga so wohl, daß sie der Küche und allen Vorräten vorgesetzt wurde; ihre Herrschaft und desgleichen die junge Herrschaft hielten sie in Ehren und vertrauten ihr in allem. Als aber Herr Heinrich und seine Guta das Zeitliche gesegnet hatten, folgte ihm als Herr der jüngere Heinrich, sein Sohn, der hatte eine geizige, hartgesinnte Frau zur Ehe, mit Namen Ottilia. Ihr war bewußt, wie reichlich Notburga den Armen und Kranken spendete von dem vielen, was bei Tisch an Speis und Trank überblieb. Denn so tat sie um Gottes willen, und die Armen weit und breit hingen an ihr wie an einer Mutter. Deswegen schalt Ottilia sie und gebot, daß den Bettlern, die die Burg umlungerten, nichts mehr gereicht werden sollte; sie wolle nicht das Gesindel herbeiziehen. Was vom Tisch abfiele, sollte den Schweinen vorgeschüttet werden, denn die brächten wenigstens Nutzen.

Notburga, als eine fromme Magd, gehorchte der Herrin, soweit es deren eigenes Gut betraf; sich selber aber darbte sie vom Mund und vom Lohn ab, was sie vermochte, um Ärmeren spenden zu können. Da wurde Ottilia zornig und kürzte ihr Kost und Sold, so daß Notburga kaum das Notwendigste zum Leben hatte. Aber sie lobte Gott in ihrer Dürftigkeit und gab noch Almosen von dem wenigen. Darum wurde die Frau ihr bitter feind und verklagte sie bei ihrem Herrn als eine verschwenderische, unfolgsame Dirne, die das Gut vertrage und liederliches Volk heranziehe.

Der Ritter glaubte seiner Frau und wurde gegen Notburga unwillig. Einmal, da sie wieder das zusammengesparte Essen und eine Flasche Wein in ihrer Schürze den Burghügel herabtrug, trat ihr Herr Heinrich entgegen, fragte unwirsch, was sie da trüge und befahl ihr, die Schürze auszubreiten. Notburga, zwar arg erschrocken, gehorchte und schlug die Schürze zurück – es sah aber der Ritter nichts als Scheiter und Hobelspäne. Er wollte auch den Inhalt der Flasche verkosten und schmeckte nichts als eine bittere Lauge. Das war ihm peinlich und er ließ Notburga gehen. Sie aber eilte hinab zu den Siechen und Armen, die an der Straße ihrer harrten, und teilte ihnen die gesammelten Brocken aus und empfing ihre Segenswünsche dafür.

Da sie jedoch heimkehrte, fiel die Frau Ottilia wütend über sie her und schalt sie eine freche Magd, die absichtlich, um ihren Herrn zu höhnen, Hobelscheiten und Lauge mit sich genommen hätte. Wie sie sich auch bescheiden zu verteidigen suchte, es half ihr nicht; es wurde ihr als einer losen Dirne der Dienst aufgesagt.

Also schickte Notburga sich an, traurigen Herzens die Burg zu verlassen. Noch zuvor aber wurde Frau Ottilia von einem bösen Übel befallen; da vergalt ihr Notburga nicht mit Schadenfreude, sondern wartete ihr so treulich auf, wie sie der guten Frau Guta in ihrer letzten Krankheit getan. Und als Ottilia starb, ließ sie es an Tränen und frommen Fürbitten nicht fehlen. Alsdann ging sie still von dannen, wie die Frau es gewollt.

Sie schritt über das Inntal hinüber und kam nach Eben im

Achental. Dort verdingte sie sich einem Bauern als Magd und diente ihm fleißig. Nur das eine bedang sie sich aus, daß die Zeit nach Feierabendläuten ihr gehören sollte zu Gebet und stiller Andacht. Und es war auch hier der Segen mit ihr, so daß ihrem Bauern alles nach Wunsch geriet und er ein wohlhabender Mann wurde. Aber alsbald fuhr der Geizteufel in ihn: Er sah sich nie genug, sparte und knikkerte und ließ die Dienstleute übermäßig arbeiten. Das trug Notburga alles mit Geduld.

Einmal aber, in der Erntezeit, hatte das Gesinde vom frühen Morgen bis Sonnenuntergang auf dem Acker geschnitten und Garben gedreht. Da es nun zum Gebet läutete, wollten sie aufhören; der Bauer jedoch schalt und bedrängte sie, daß sie schneiden sollten, bis es Nacht würde. Da mahnte ihn Notburga des Wortes, das er ihr gegeben; das wollte er nicht halten. Notburga aber sprach: »Nun soll Gott Richter sein zwischen dir und mir. Schau: Ich werfe meine Sichel in die Luft; fällt sie herab, so hast du recht – bleibt sie aber droben, so gibt es Feierabend.« Da warf sie ihre Sichel gen Himmel, und siehe: sie blieb schweben in der Luft. Darüber staunten alle, die das Wunder sahen.

Nicht lange stand es an, so kam ein reisiger Mann mit Waffenknechten auf Eben geritten. Das war Herr Heinrich der Rottenburger, der kam zu Notburga und bat sie demütig, daß sie seines Unrechts nicht gedächte. »Du Gottgeliebte, komm zurück in meine Burg! Du hast den Segen hinweggenommen, und Unheil hat mich heimgesucht.« So sprach er und hatte allen Grund dazu, denn er stand in erbitterter Fehde mit seinen nächsten Blutsfreunden, und Mißwachs und Viehsterb, Raub und Feuer hatten sein Gut gemindert. Dazu hatte er seit seiner Frauen Tod nicht den Trost, daß ihre Seele bei Gott sei; denn es spukte und rumorte greulich im Schweinestall. Ein Gespenst trieb sich grunzend mit den Schweinen um; da hatte Herr Heinrich einen frommen Benediktiner von St. Georgenberg entboten, den Geist zu beschwören. Darauf hatte sich das Gespenst als die verstorbene Frau Ottilia bekannt, die verurteilt sei, im Stall gepeinigt zu werden, weil sie das Almosen Notburgas lieber den Schweinen als den Armen vergönnt hatte. Da ließ der betrübte Witwer viele Seelmessen lesen und reichlich Almosen geben, stiftete auch eine jährliche Spende, die zu St. Georgenberg den Armen ausgeteilt werden sollte. Wodurch dann der unselige Geist allgemach die Ruhe und das Schloß des Rottenburgers wieder den Frieden fand. Der Burgherr aber hatte sich aufgemacht, um Notburga das Erlittene abzubitten und anzuhalten, daß sie wieder zu ihm kam.

Da Notburga dies alles vernahm, gedachte sie keiner Kränkung mehr, sondern war nur herzlich bekümmert um die Trübsal ihres Herrn. Sofort nahm sie Urlaub von allen zu Eben und zog gehorsam mit Herrn Heinrich davon. Und mit ihr kehrte auf der Burg das frühere Gedeihen wieder ein: In Haus und Feld geriet alles aufs beste, und des Ritters Sippen versöhnten sich mit ihm. Über eine Zeit nahm er ein zweites Weib, eine Hoheneggerin, zur Ehe; die war so weise, Notburga ungehindert schalten und walten zu lassen als die demütigste und redlichste Schaffnerin. Auch der Kinder Herrn Heinrichs aus seinen beiden Ehen nahm Notburga sich an und pflegte und lehrte sie liebreich wie eine andere Mutter. Sie verließ die Burg nur ein einziges Mal noch: als ihr einstiger Dienstherr, der Bauer in Eben, zu sterben kam. Da ging sie und saß an seinem Lager und half durch ihr Gebet seine Seele zu befreien von den Feinden, die ihr nachstellten, so daß er ein christliches Ende nahm.

Schließlich wurde Notburga, die heilige Magd, selber siech und merkte, daß ihre Stunde gekommen war. Da nahm sie heiteren Herzens Abschied von allen im Hause und segnete sie, und alle weinten, denn da war keiner, dem sie nicht Gutes getan. Noch bat sie: daß ihr Leichnam auf einen Wagen gelegt werden sollte und zwei starke Ochsen davorgespannt werden. Wo dann die Ochsen den Sarg hinzögen, da wollte sie begraben sein.

Danach starb sie, achtundvierzig Jahre alt, und es erhob sich große Klage um sie. Der Sohn und Erbe Herrn Heinrichs aber ließ nach ihrem Willen den Leichnam der seligen Magd auf einen Ochsenwagen legen; er selbst mit seinem jüngern Bruder samt dem Priester und allen Burgleuten schritten hinterdrein. Da zogen die Ochsen den Wagen den Hügel hinab, quer über die Straße und mitten durch den hochgeschwollenen Innfluß, so trocken und unbeschadet, wie über festen Boden. Am anderen Ufer, im Dorfe Jenbach, blieben sie stehen und warteten, bis das Trauergeleit, das einen Umweg machen mußte, auch drüben angekommen war. Danach fuhren die Ochsen weiter, auf Eben zu; und beim Kirchlein des heiligen Ruprecht hielten sie still, fuhren dann in das Kirchl hinein, wo die Leiche von unsichtbaren Händen vorm Altar abgesetzt wurde, und fuhren den leeren Wagen wieder zur Kapelle hinaus. Allda wurde der jungfräuliche Leib zur Erde bestattet. Später, während schlimmer Kriegsläufte, wurde er hinweggeflüchtet, sodann aber nach Eben zurückgebracht und eine neue Kirche über dem Grab erbaut. Dort steht auch auf dem Altar ein Bildnis der Heiligen, deren Fürbitte schon große Wunder gewirkt hat.

Die heilige Kümmernis

❧❦❧❦❧❦❧

Ein heidnischer König in uralter Zeit hatte ein Tochter, die war so schön, daß eine schönere nicht mochte gefunden werden. Wer sie sah, der entbrannte in heftiger Liebe zu ihr, aber die junge Maid gab keinem Gehör und tat selbst nichts dazu, den Männer zu gefallen, vielmehr hielt sie sich demütig und bescheiden für sich. Denn sie hatte ihr Herz der Lehre Jesu Christi zugewendet und begehrte keinen andern zu minnen als ihn.

Da sandte ein mächtiger Heidenkönig zu dem Vater der Jungfrau und begehrte sie zur Ehe, und der versprach sie ihm. Sie aber weigerte sich; da geriet ihr Vater in großen Zorn und schwor, sie müsse es tun. Und damit sie nicht entlief, ließ er sie hart gefangensetzten. Da rief sie im Gefängnis zu Gott, daß er ihr helfe und sie vor der Ehe mit einem Heiden bewahre. Darum möge er sie so verwandeln, daß sie keinem Manne mehr gefalle. Und Gott erhörte sie und ließ ihr Haar und Bart wachsen, gleich als einem Manne; da war ihre Schönheit hin. Als nun ihr Vater sie sah, wurde er noch zorniger und fragte, wie ihr das geschehen sei? Da sprach die Tochter mit Freuden: Ihr Gemahl, der Christengott, habe sie so gemacht.

Ihr Vater aber versetzte: »So sollst du auch sterben wie dein Gott« – und gebot, sie ans Kreuz zu schlagen. Das litt sie willig und starb so den Kreuzestod.

Sankt Kümmernis – etliche nennen sie Wilgefortis – liegt in Holland begraben; aber ihr Bild zu ihren Ehren hängt in Kirchen auch dazuland. Einmal kam ein armer Loter, ein Geiger seines Zeichens, in eine Kirche in Tirol und sah das

Bild der Märtyrerin und las ihre Geschichte; das rührte ihn, und er geigte mit Andacht vor dem Bild, so gut er vermochte. Da warf ihm das Bildnis einen Schuh herab, der war aus Gold. Er trug ihn zum Goldschmied; der aber sagte ihm ins Gesicht, er habe ihn gestohlen. Das Geigerlein sagte »Nein«, aber der Goldschmied rief Leute herbei, und wie sehr der Geiger seine Unschuld beteuerte, sie glaubten ihm nicht und wollten ihn hängen. Da bat das Geigerlein, daß sie ihn nochmals zu dem Bilde führten; das geschah, und da geigte er vor dem Bilde so lange, bis ihm Sankt Kümmernis den anderen Schuh auch herabwarf. So erkannten alle, welch ein Zeichen geschehen war, und ließen das Geigerlein mit großen Ehren frei.

Nachwort

❦❧❦❧❦❧

I.

Eine Karte der Märchenlandschaften Österreichs würde, neben vielen weißen Flecken, einen Schwerpunkt der Märchenüberlieferung in Tirol ausmachen können, denn die österreichischen Landschaften sind, was das Sammeln und Aufzeichnen von Märchen im Laufe der letzten 150 Jahre betrifft, sehr unterschiedlich repräsentiert. Wie auch in anderen europäischen Ländern waren es immer Einzelpersönlichkeiten, deren Idealismus und Begeisterung wir die heute so wertvollen Aufzeichnungen volkstümlichen Erzählgutes verdanken. In Deutschland waren es die Brüder Jacob und Wilhelm Grimm, die zu Beginn des vorigen Jahrhunderts erstmals systematisch Märchen und Sagen sammelten. Ihr Verdienst besteht vor allem darin, einen Stoff, der durch die Aufklärung geringschätzig als »Ammenmärchen« abgewertet worden war, in seinem Wert erkannt und der wissenschaftlichen Forschung zugänglich gemacht zu haben. Im Jahre 1812 erschien der erste Band ihrer »Kinder- und Hausmärchen«, dem drei Jahre später der zweite folgte. Der Einfluß der Brüder Grimm auf die europäische Erzählforschung ist unübersehbar, von Finnland bis Sizilien und von Portugal bis Sibirien wirkten die Impulse, die sie gegeben hatten, und in fast allen europäischen Ländern fanden sich Gelehrte und Sammler, die das Märchengut ihrer Völker aufzeichneten. Insbesondere Jacob Grimm war es, der die wissenschaftlichen Beziehungen zu Österreich und darüber hinaus zu den osteuropäischen Ländern pflegte.

In Tirol war es der Gymnasial- und spätere Universitätsprofessor Ignaz Vinzenz Zingerle (1825–1892), der sich der Sammlung und Herausgabe der Tiroler Sagen- und Märchenüberlieferung widmete.

Wie viele seiner Zeit- und Studiengenossen begeisterte er sich, im Gefolge der schwäbischen Romantik, für die Dichtkunst und schloß sich in Innsbruck mit einigen Gleichgesinnten Anfang der vierziger Jahre zu dem Dichterbund »Aurora« zusammen. Was jedoch für den jungen Zingerle und damit für sein Leben bestimmend wurde, war die Zeitgenossenschaft mit den Brüdern Grimm und die Sammelbewegung der Romantik. In der Folge entstanden in Österreich Sammlungen, die, in bewußter Anlehnung an die »Kinder- und Hausmärchen« der Brüder Grimm, bis in den Titel hinein deren Bestrebungen folgten. Zweifellos ist es das Verdienst Jacob Grimms, »die Österreichischen Volksforscher und Literaturfreunde zum Sammeln von Volksdichtung angeregt zu haben« (A. v. Mailly), und »Er (Jacob Grimm) ist das Vorbild für die Sammler in den österreichischen Alpenländern« (L. Schmidt), lauten die Stimmen, die den Einfluß Jacob Grimms zu würdigen suchen. So nimmt es nicht wunder, wenn der in Meran geborene Ignaz Vinzenz Zingerle, angeregt durch die Grimmschen Märchen, während seiner Zeit als Gymnasiallehrer in Innsbruck um die Mitte des vorigen Jahrhunderts, sich mit Märchen und Sagen zu beschäftigen begann. Die Früchte dieser Beschäftigung waren nach den »Sagen aus Tirol« (1850), die unter Mithilfe seines Bruders Josef 1852 veröffentlichten »Kinder- und Hausmärchen«, von denen er ein Exemplar »als Zeichen meiner unbegränzten Verehrung« an Jacob Grimm schickte. In seinem Begleitbrief vom 17. 2. 1852 schrieb er: »Wenn das Unternehmen sich Ihres Beifalls erfreuen könnte, würde das die sammelnden Brüder sehr ermutigen und zu neuem Streben anspornen.«

Noch deutlicher zeigt sich der Einfluß Grimms in dem Begleitbrief Zingerles an Wilhelm Grimm zum zweiten Band seiner Sammlung »Kinder- und Hausmärchen aus Süddeutschland«, der Märchen aus Nordtirol (Außerfern, Ötztal, Inntal, Zillertal) und Südtirol (Etschland) enthält: »Wie ein Schüler eine Arbeit zagend dem hochgeehrten Lehrer übergibt, so überreiche ich Ihnen meinen neuen Versuch. Sie, geehrtester Herr, und Ihr hochverdienter Herr Bruder sind unsere Lehrer und Meister. Sie gaben die Veranlaßung zur vorliegenden Sammlung, die seit zwölf Jahren trotz allen Hohnes und aller Hemmnisse fortgeführt wurde.«

Mit ihren Tiroler Märchen- und Sagenbänden legten die Brüder Zingerle das Fundament für die wissenschaftliche Beschäftigung mit der Volkserzählung, die über Tirol hinaus ihre Wirkung entfaltete. Zudem hatten die beiden Brüder über und mit ihren Korrespondenten und Gewährsleuten so intensiv gesammelt, daß späteren Sammlern in Tirol kaum mehr neue Stoffe (Typen) begegneten und es bestenfalls gelang, Varianten bekannter Typen aufzuzeichnen. Mit dem sammlerischen Impetus und der nationalromantischen Begeisterung übernahm Ignaz Zingerle nicht nur die Methode der Materialsammlung, sondern auch die Interpretation seines Materials nach den Vorstellungen Grimms. Wie Jacob Grimm schritt auch Ignaz Zingerle 1851 zu einem Sammelaufruf »An die Freunde der vaterländischen Volksliteratur«. Obwohl ihm seit Jahren viele Männer als Zuträger behilflich gewesen seien, so schrieb er, bitte er wegen der Materialfülle um weitere Unterstützung: »Diesen lebensfrischen Ton des Liedes, diese Mannigfaltigkeit der Märchen, diesen Reichtum der tiefsinnigsten Sagen, diesen Schatz der ernsten und komischen Volkssprüche, findet man auf einem so kleinen Raum nirgends, als in unserem Heimatlande, in Tirol. Die Volkspoesie, die ewig frische, nie alternde, scheint uns das im

Übermaße ersetzen zu wollen, was bisher die Kunstpoesie unserem Vaterlande schuldig blieb [...]. Es ist ein verblühender Schatz, und ist die ›Stunde des Hebens‹ vorbei, so kehrt die Zeit des Sammelns nicht wieder...«

Hier klingt bereits der Topos der »fünf Minuten vor zwölf« an, der die Sammeltätigkeit bis heute begleitet.

II.

Die hier zusammengestellten Märchen sind den großen Tiroler Sammlern und Forschern verpflichtet. Sie geben ein buntes Bild der alpinen Volkserzählung im Märchen. Schon das erste Märchen, das eine weitverbreitete Erzählung vom »geprellten Teufel« wiedergibt, besticht durch seinen dialogischen Charakter und den lebendigen Erzählduktus. Im Unterschied zu anderen Märchen dieses Typus, in denen die Funktion der Bank, des Kirschbaums und des Sacks nur an dem dummen Teufel erprobt wird, fügt das Tiroler Märchen drei Episoden ein, die den dörflichen Hintergrund des Märchenerzählers mit einem gewissen praktischen Realismus widerspiegeln. Viele dieser hier versammelten Märchen gleichen den Grimmschen Märchen, sind aber doch wieder ganz anders, und gerade das macht ihren besonderen Reiz aus. Sei es die Version vom »tapferen Schneiderlein« (›Schneider Freudenreich‹) aus dem Ötztal oder das ›Märchen von den drei Raben‹, das zugleich eine Version des Drosselbartmärchens von der Zähmung der Widerspenstigen ist.

Ein bisher unveröffentlichtes Märchen aus dem Nachlaß von Ignaz Zingerle, das mir freundlicherweise Frau Dr. Rogenhofer-Suitner zugänglich machte, ähnelt dem bekannten Märchen von den »Bremer Stadtmusikanten«, aber hier sind es nicht die »Siegreichen vier«, sondern gleich sieben: Rotkehlchen, Gans, Hahn, Katze, Ochse,

Esel und Schwein. Reizvoll ist auch das Märchen, in dem der König vor dem Inzest mit seiner (unerkannten) Tochter gewarnt wird: »Gib nur dem Sohn das Gut / doch heirat' nicht dein eignes Blut.« Schließlich löst sich alles in Wohlgefallen auf, denn die schöne Gräfin, die in einen Fuchs verwandelt war, erlangt ihre menschliche Gestalt wieder.

Das Grimmsche Aschenputtelmärchen ist gleich in zwei höchst unterschiedlichen Varianten vertreten (›Die drei Schwestern‹; ›Hennenpfösel‹), wobei das Hennenpfösel die niederste Magd auf dem Bauernhof war, die die Hühner hüten und füttern mußte. Schließlich seien noch die Grimmschen Märchentypen vom Machandelboom (›Mädchen und Bübchen‹) und vom Räuberbräutigam (›Müllers Töchterlein‹) erwähnt.

In dem Zillertaler Märchen ›Die Drachenfedern‹ zeigt sich deutlich der christliche Hintergrund des Erzählers oder der Erzählerin. Der Drache als Hausherr riecht (oder wie es in der Mundart heißt »schmeckt«) den unter dem Bett versteckten Helden des Märchens. Bei Grimm heißt es: »Ich rieche, rieche Menschenfleisch«, der Zillertaler Riese aber dröhnt zornig: »Ich schmeck', ich schmeck' einen Christen.« Das ist durchaus folgerichtig, denn in der populären Sagenüberlieferung gelten Riesen und Zwerge als die heidnischen Ureinwohner der Berge.

Viele Märchen handeln von Hexen, wie es zu erwarten ist, und von hilfreichen Tieren. Was wäre der Märchenheld ohne den klugen Fuchs, die zaubernde Ameise und den allwissenden Phönix? Eindrucksvoll ist auch das Märchen ›Von der Notwendigkeit des Salzes‹, das an Shakespeares *King Lear* erinnert.

Neben den Zaubermärchen enthält diese kleine Sammlung noch Beispiele für ein Kettenmärchen (›Da schickt der Herr den Jockel aus‹), ein Tiermärchen (›Der treulose Wolf‹) aus dem Nachlaß Zingerles und einige Legendenmärchen, die für das »heilige Land Tirol« charakteristisch sind: ›Die ungleichen Kinder Evas‹, ›Gottes und des Teufels Getier‹, ›Christus und Petrus auf der Wanderschaft‹. Zwei weitere Märchen sind eigentlich märchenhaft erzählte Sagenmotive, die wir aber wegen ihrer originellen Motivik nicht missen wollten: Die Erzählung von ›Ahasverus‹, dem ewigen Juden, und die Geschichte von den ›Freunden im Leben und Tod‹, in der zwei Freunde verabreden, wer zuerst sterbe, solle dem andern eine Botschaft aus dem Jenseits bringen. Der verstorbene Freund erscheint und drückt seine feurige Arme-Seelen-Hand auf ein Stück Holz. Den Abdruck dieser feurigen Hand konnte man bis vor einigen Jahren noch in dem kleinen Dörfchen Thaur bei Innsbruck bewundern.

Schließlich sei noch die Legende von der ›Heiligen Kümmernis‹ erwähnt, die andernorts auch als ›Ontkomera‹ oder ›Wilgefortis‹ (von lat. *virgo fortis*, tapfere Jungfrau) verehrt wird. Die Legende erklärt die Darstellung eines bärtigen Gekreuzigten in byzantinischem Gewand, die in Lucca als *Volto santo* (heiliges Antlitz) heute noch verehrt wird. Da die einfachen Pilger den in einen Rock gewandeten Kruzifixus für eine Frau hielten, die jedoch einen Bart trug, bedurfte dies einer Deutung. So entstand die Legende von der hl. Kümmernis.

III.

Es ist oft nicht einfach, zwischen einer Legende und einem Legendenmärchen oder überhaupt zwischen Sagen und anderen Gattungen der Volkserzählung zu unterscheiden, zumal die Erzähler (und auch die frühen Sammler) solche Unterscheidungen, die erst ein Ergebnis der wissenschaftlichen Beschäftigung mit den Volkserzählungen sind, alle Erzählungen unter dem Sammelbegriff Märchen einordneten. Unsere Märchen wurden in der Mehrzahl erst seit dem Ende des 18. Jahrhunderts aufgezeichnet; nur in Einzelfällen lassen sich einzelne Märchen(typen) über das späte Mittelalter hinaus verfolgen. Auch das Vorkommen einzelner märchenhafter Motive in einer früheren Kulturstufe, etwa im Gilgamesch-Epos oder das altägyptische Zweibrüdermärchen, lassen nicht den Schluß zu, es handle sich um frühe Belege für das Märchen als Gattung. Freilich ist das europäische Märchen insgesamt älter und weniger christlich überformt als unsere Sagenüberlieferung.

Die vorliegende Ausgabe versucht, einen repräsentativen Eindruck der regionalen Tiroler Märchenüberlieferung zu vermitteln und die originellen Märchengestalten wie die Nörgelein, den Schmied von Rumplbach, das Purzinigele aus dem Märchen vom Rumpelstilzchen und viele andere einem breiteren Publikum vorzustellen. Gerade die Nörgelein sind typische Erzählgestalten der Tiroler Berge, sie können zwergenhaft klein oder auch riesengroß sein. Als koboldartiger Hausgeist lebt das Nörgele auf abgelegenen Berghöfen und als Weinnörgele in Weinstuben und Torkelkellern (Keltern). Ein Vers aus dem Passeiertal beschreibt das Aussehen des kleinen Dämons: »Komm ich her von Ridnaun / hab ich Hörner wie ein Gstraun [Widder] / Bärtlein wie eine Geiß / weiß doch nicht, wie ich heiß.«

Der regionale Bezug dieser Märchen läßt deutlich werden, daß Märchen nicht nur Wunschdichtung sind, die von einer besseren Welt träumen, sondern auch ein Spiegel der realen Umwelt ihrer Erzähler und Erzählerinnen, wenn sie von deren Nöten und Wünschen, Wertungen und Vorstellungen berichten.

Innsbruck, Winter 1997   *Leander Petzoldt*

Quellenverzeichnis

꘏꘎꘏꘎꘏꘎

Der Schmied in Rumplbach
  in: Kinder- und Hausmärchen, gesammelt durch die Brüder
  Zingerle (Ignaz u. Josef Zingerle, Tirols Volksdichtungen und
  Volksgebräuche, 1. Bd. Kinder- und Hausmärchen), Innsbruck
  1852, S. 28–38.

Schneider Freudenreich
  in: Kinder- und Hausmärchen aus Süddeutschland, gesammelt
  und herausgegeben durch die Brüder Ignaz und Josef Zingerle (Tirols Volksdichtungen und Volksgebräuche, 2. Bd.), Regensburg
  1854, S. 12–17.

Die vier Tücher
  in: Kinder- und Hausmärchen aus Süddeutschland, hrsgg. v. I. u. J.
  Zingerle, Regensburg 1854, S. 61–69.

Die drei Raben
  Ignaz Vinzenz und Josef Zingerle, Die Drachenfedern und andere
  Märchen aus Tirol, Wien 1946, S. 25–47.

Der Müller auf der Wallfahrt
  unveröffentlicht, aus dem Nachlaß von Ignaz Zingerle.

Der Vogel Phönix, das Wasser des Lebens und die Wunderblume
  in: Kinder- und Hausmärchen aus Süddeutschland, hrsgg. v. I. u. J.
  Zingerle, Regensburg 1854, S. 157–173.

Die drei Schwestern
  in: Kinder- und Hausmärchen, gesammelt durch die Brüder Zingerle, Innsbruck 1852, S. 130–139.

Mädchen und Bübchen
  in: Kinder- und Hausmärchen, ges. d. d. Brüder Zingerle, Innsbruck 1852, S. 64–68.

Die zwei Hafner
  in: Kinder- und Hausmärchen aus Süddeutschland, hrsgg. v. I. u. J.
  Zingerle, Regensburg 1854, S. 53–56.

Hennenpfösl
  in: Kinder- und Hausmärchen, ges. d. d. Brüder Zingerle, Innsbruck 1852, S. 86–94.

Müllers Töchterlein
in: Kinder- und Hausmärchen, ges. d. d. Brüder Zingerle, Innsbruck 1852, S. 124–129.

Der gläserne Berg
in: Kinder- und Hausmärchen, ges. d. d. Brüder I. und J. Zingerle, Innsbruck 1852, S. 233–244.

Der einfältige Bauer und die traurige Prinzessin
in: A. Dörler, Märchen und Schwänke aus Nordtirol und Vorarlberg, in: Zs. f. Volkskunde 16 (1906), S. 281–284.

Die Drachenfedern
in: Kinder- und Hausmärchen aus Süddeutschland, hrsgg. v. I. u. J. Zingerle, Regensburg 1854, S. 69–73.

Der Bärenhäuter
unveröffentlicht, Sammlung Willi Mai, 1940.

Der Müllerbursch und die Katze
in: Kinder und Hausmärchen, ges. d. d. Brüder Zingerle, Innsbruck 1852, S. 251–254.

Der Ziegenhirt
in: Kinder- und Hausmärchen aus Süddeutschland, hrsgg. v. I. u. J. Zingerle, Regensburg 1854, S. 96–102.

Der dumme Hansl und die Königstochter
in: Adolf Heyl, Volkssagen, Bräuche und Meinungen aus Tirol, Brixen 1897, S. 50–53.

Nadel, Lämmlein und Butterwecklein
in: Kinder- und Hausmärchen, ges. d. d. Brüder Zingerle, Innsbruck 1852, S. 207–216.

Vom umgehenden Schuster
In: Helene Raff, Tiroler Legenden, Innsbruck 1924, S. 26–31.

Löwe, Storch und Ameise
in: Kinder- und Hausmärchen aus Süddeutschland, hrsgg. v. I. u. J. Zingerle, Regensburg 1854, S. 1–5.

Das wunderbare Wägelein
in: Adolf Heyl, Volkssagen, Bräuche und Meinungen aus Tirol, Brixen 1897, S. 47–50.

Von der Notwendigkeit des Salzes
in: Kinder- und Hausmärchen, ges. d. d. Brüder Zingerle, Innsbruck 1852, S. 189–191.

Da schickt der Herr den Jockel aus
in: Ignaz Zingerle, Sitten, Bräuche und Meinungen des Tiroler Volkes, Innsbruck 1857, S. 171–172.

Die ungleichen Kinder Evas
   in: H. Raff, Tiroler Legenden, Innsbruck 1924, S. 208–211.
Der treulose Wolf
   unveröffentlicht. Aus dem Nachlaß von Ignaz Zingerle.
Gottes und des Teufels Getier
   in: Joh. Nepomuk Ritter v. Alpenburg, Mythen und Sagen Tirols,
   S. 245; vgl. H. Raff, Tiroler Legenden, Innsbruck 1924, S. 10–13.
Die Preiselbeere
   in: Joh. Nep. Ritter v. Alpenburg, Mythen und Sagen Tirols, Zü-
   rich 1857, S. 254; vgl. H. Raff, Tiroler Legenden, Innsbruck 1924,
   S. 14f.
Vom Eichenlaub
   in: Joh. Nep. Ritter von Alpenburg, Mythen und Sagen Tirols,
   Zürich 1857, S. 391.
Christus und Petrus auf der Wanderschaft
   Der Faule und die Fleißige, in: Alois Menghin, Aus dem deutschen
   Südtirol, Meran 1884, S. 90f.
   Das Leberlein, in: Alois Menghin, Aus dem deutschen Südtirol,
   Meran 1884, S. 91f.
Die glühende Hand
   in: H. Raff, Tiroler Legenden, Innsbruck 1924, S. 172–174.
Die heilige Notburga mit der Sichel
   in: H. Raff, Tiroler Legenden, Innsbruck 1924, S. 116–124.
Die heilige Kümmernis
   in: H. Raff, Tiroler Legenden, Innsbruck 1924, S. 90–93.

Märchen der Welt

Afrikanische Märchen
Herausgegeben von Friedrich Becker
Band 2890

Märchen aus Andalusien
Herausgegeben von Frederik Hetmann
Band 12556

Arabische Märchen
Herausgegeben von Ursula Assaf-Nowak
Band 2892

Märchen der australischen Ureinwohner
Herausgegeben von Herbert Boltz
Band 13367

Balkan-Märchen
Herausgegeben von Leander Petzoldt
Band 12744

Chinesische Märchen
Herausgegeben von Josef Guter
Band 13932

Märchen aus England
Herausgegeben von Frederik Hetmann
Band 10686

Französische Märchen
Herausgegeben von Marlies Hörger
Band 10465

Märchen aus Griechenland
Herausgegeben von Constance Ott-Koptschalijski
Band 11527

Indische Märchen
Herausgegeben von Johannes Hertel
Band 2896

Irische Märchen
Herausgegeben von Frederik Hetmann
Band 2897

Märchen aus Japan
Herausgegeben von Woon-Jung Chei
Band 12974

Märchen der Kalmücken
Herausgegeben von Jelena Dshambinowa
Band 11676

Fischer Taschenbuch Verlag

Märchen der Welt

LÄNDERMÄRCHEN

**Märchen
aus Litauen**
Herausgegeben von
Jochen D. Range
Band 11798

**Märchen
aus Österreich**
Herausgegeben von
Leander Petzoldt
Band 11064

**Märchen
aus Persien**
Herausgegeben
von Inge Hoepfner
Band 2900

**Märchen
der Provence**
Herausgegeben
von Marlies Hörger
Band 10656

**Russische
Zaubermärchen**
Herausgegeben
von Sigrid Früh
und Paul Walch
Band 12557

**Märchen
aus Rußland**
Herausgegeben von
Alexei N. Tolstoi
Band 2901

**Märchen aus
Schottland**
Herausgegeben von
Frederik Hetmann
Band 11391

**Märchen aus
der Schweiz**
Herausgegeben von
Sigrid Früh und
Götz E. Hübner
Band 11939

**Märchen aus
Skandinavien**
Herausgegeben von
Erich Ackermann
Band 13150

**Tibetische
Märchen**
Herausgegeben
von Josef Guter
Band 13577

**Türkische
Märchen**
Herausgegeben
von Adelheid
Uzunoglu-
Ocherbauer
Band 13753

**Märchen
aus Ungarn**
Herausgegeben von
Leander Petzoldt
Band 12063

Fischer Taschenbuch Verlag

fi 144 / 18 b